JN212572

ドラッカー教授 組織づくりの原理原則

挫折と克服の13の物語から、
事業マネジメントの核心を学ぶ

佐藤 等 著
清水祥行 編集協力

日経BP

序文

故・上田惇生氏（元ドラッカー学会代表）

米ゼネラル・エレクトリック（GE）の元会長、ジャック・ウェルチ氏といえば、「1位2位戦略」で知られます。

世界で1位か2位になれない事業からは撤退する――。その方針が、ドラッカーさんの助言に基づくものであったことも、多くの方がご存じでしょう。

ただ、ドラッカーさんが、実際にウェルチ氏にかけた言葉には、一般に考えられているのとは違うニュアンスがあったそうです。

「あなたの会社のやっている仕事は、ワクワクドキドキするものばかりか？」

「ワクワクドキドキしてやっている事業以外は、すべてやめたらどうだろう」

この事実を、私は晩年のドラッカーさんを密着取材した、エリザベス・イーダスハイムさんから教わりました。

経営の究極的な判断基準は、理屈や数字ではない。ワクワクドキドキしながら熱意を持ってやれるかどうかだ、ということです。マネジメントは、理屈や数字だけで割り切れるものではないし、割り切ろうとすれば、間違った方向に突き進んでしまう。そんな真意があったと、私は考えます。

ドラッカーさんは、マネジメントの原理原則を提示しました。いわば骨格です。現実の経営では、この骨格に生身の人間が肉づけし、一つの物語を紡ぎ出します。

このような有機的な存在である経営が、時として組織の中にいる人だけでなく、外部から観察する人の心を激しく揺さぶることがあります。いわば叙事詩です。

この連載（※）を執筆、監修する佐藤等さんは、日本各地で、ドラッカーさんの言葉に触発された経営者と社員たちが紡いできた叙事詩を、丹念に集めてきました。その一つひとつの美しさに、私は心打たれます。

誤解を恐れずに言うならば、世の中にはやはり「美しい会社」と「醜い会社」があると思うのです。どのような会社を美しいと感じるかは人それぞれで、多様性が認められるべきです。しかし、どれほどの規模に成長し、どれほどの利益を上げている企業であっても、読者であるあなたが「美しい」と感じない会社の話から、何が得られるでしょうか。逆に、どんなに小さな会社の物語でも、「美しい」と感じるなら大いに学べる。

ドラッカーさんは、進歩主義者と保守主義者、両方の顔を持っていましたが、どちらかといえば保守主義の色が強かった。しかし、「コンサバティブ（conservative）」という英語を、単純に「保守主義者」と訳してしまうと語弊があって、厳密に言うとドラッカーさんは「保存主義者」だったと、私は考えます。「コンサーブ（conserve）」とは、「保存する」ことを意味します。いいものを保存する。美しい物語を保存する。その蓄積の上に、次世代の幸せがある。そう信じて、私はこの連載を心から応援します。

※本書は月刊経営誌「日経トップリーダー」の2017年4月号〜2018年7月号の連載「実録・ドラッカーに学ぶ経営」などを編集したものです。上田氏の序文は連載開始時に寄稿いただきました。

はじめに

世の中には「美しい会社」と「醜い会社」がある

ドラッカー学会理事　佐藤　等

ドラッカー教授から「日本における私の分身」とまで言われた上田惇生先生は、序文にあるように、日経トップリーダー編集部の最後のインタビューでそう語りました。「美しい会社」とは何か。本書を読み終わった頃には、一人ひとりの読者の心に一灯の光が宿ることを願って筆を進めます。

組織は道具である

人生100年時代、若年労働人口の減少、働き方改革、副業（複業）の解禁、フリーランスの増加。私たちが働く環境は、大きな変革期に直面しています。一方で働く場である組織も中小企業の後継者不足、ガバナンスの劣化、国際的な政治リスクの増大など組織の継続性を揺るがす状況が続いています。

組織が直面する環境、そしてそこで働く私たちが直面する課題を解くために、マネジメントという道具が存在します。ドラッカー教授は、『マネジメント』（1973）という千ページを超える大著の最後に「結論」という章を配して次のように述べました。

「社会的な目的を達成するための手段としての組織の発明は、人類の歴史にとって一万年前の労働の分化に匹敵する重要さをもつ」

（『マネジメント［下］』p302）

すべてのマネジメント理論の原点として確認しておかなければならないことは、組織は私たちが幸せを手にするために発明された手段、つまり道具であるという事実です。私たちが耳にする言葉に「会社に使われている」とか、ひどいものになると「社畜」などというおぞましい言葉があります。世の中に「醜い会社」がある証拠です。

自動車に使われている人がいないように、人類が生み出した会社という道具も私たち一人ひとりが使うのであり、使われるものではありません。このような事態は、会社という道具を誤って使っている人たちがいるから起こっているのです。経営者ばかりではありません。組織に属する一人ひとりが、会社を自分の人生の道具として使うという意識が希薄であれば、これもまた誤用しているといわざるを得ません。

ドラッカー教授は、マネジメントを現代のリベラルアーツ（教養）だと位置づけました。組織社会に生きる者、すべてが手にして活用すべきものという意味です。本書に出てくる経営者たちは、創業者、二代目経営者、社員から経営者になった者、あるいはミドルマネジャーなどさまざまです。彼らの姿から、社会の道具としての組織の存在を読み取ることができることでしょう。

彼らの姿勢に一貫しているのは、組織という道具を世のために人のために使おうと真摯にマネジメントを学び、身につけようとする姿です。それは、経営者がというよりも、組織で働く一人ひとりが共有すべきものです。

組織という道具には目的がある

会社（組織）も道具である以上、目的がなければなりません。目的のない道具は存在しないからです。もしくは目的を見失った組織は、動かない時計や書けなくなったペンと同様、ガラクタとして扱われます。しかし、組織の目的は何かと問われても、即答できない人が多いのも事実です。組織の目的を改めて確認しておきます。

・組織は社会において特定のミッション（使命）を果たす
・組織はそこで働く一人ひとりの強みを生かし、成長の機会を提供する
・組織は新しい社会課題を解決する

組織の最大の目的は、社会に成果をもたらすことです。ここで成果とは、組織の外に変化をもたらすことです。具体的には、顧客に何らかのプラスの変化をもたらすことです。成果と業績を混同してはなりません。成果とは自分たちが手にしたもの、例えば売り上げや利益などのことではありません。それは業績です。成果は業績に優先します。成果が売り上げや利益の源泉だからです。それゆえ、顧客に価値を提供し続けることのできない組織に明日はありません。

売り上げ第一の姿勢で法令違反を繰り返す「醜い会社」の例に事欠くことはありません。

組織という道具を誤用した結果です。これはガバナンスの欠如の問題ではなく、マネジメントの欠如の問題です。具体的にいえば、「組織の方向づけ」の誤りです。組織の意識を売り上げ第一に向ければ、法令順守は劣後になる可能性が増大するからです。

「組織は存在することが目的ではない。種の永続が成功ではない。(中略)組織は社会の機関である。外の環境に対する貢献が目的である」

(『経営者の条件』p34)

ミッションや成果に人の意識を向けることは、マネジメントの基礎の基礎です。売り上げや利益はもちろん必要ですが、それは組織が目的を実現するために必要不可欠だからです。それゆえ経営者はミッションを語り、組織に属する一人ひとりはこれを真に理解しなければなりません。もしこれを怠り、売り上げや利益の話ばかりをしていると、さまざまな弊害や障害にぶつかります。

ミッションなどのツールを使った「組織の方向づけ」の不全は、先ほどの法令違反以外にもいろいろな弊害を引き起こす遠因となっています。典型例を挙げましょう。

人材が定着しない原因の一つに、ミッション(経営理念)の形骸化が挙げられます。もし組織に属する人が組織のミッションや使命を真に理解し、行動の原点に置いていなければ、何のために働いているかを実感しないまま、時を過ごしていることになります。その結果、給料など条件のより良い組織に移動しようと思うことは、むしろ当然のことです。

また組織を去らないまでも、働く理由が給料をもらうためや出世することだけだとしたら、仕事のモチベーションは上がりません。何のために働いているのか、つまり組織の存在意義をミッションとして語ることなしに、この答えを持つことは不可能です。モチベーションは、組織や上司が上げるものではありません。本人が目的を理解し、組織という道具を使ってどんな貢献をするかを自分で決定し、実行するときモチベーションは高まります。人のモチベーションの原点に、目的があることを忘れないようにしたいものです。

さらに、経営者や管理職から聞く多くの悩みのうち「主体的に社員が働かない」「指示待ちになっている」というものがあります。社員に原因を負わせていますが、多くの場合、組織の方向づけが不十分であることが原因です。ミッションを語らなければ、何のために仕事をするのかは伝わりません。顧客にどのような価値を提供することが大切なのかを示さずして、顧客に受け入れられる新規事業や新商品は生まれません。

主体的に働く社員とは、ドラッカー教授の言葉でいえば「知識労働者（ナレッジワーカー）」として働くことを意味します。知識労働者は自ら考え、自ら決定し、自ら行動します。このような主体性は、組織が適切に方向づけした場合にしか生まれません。この方向、この範囲、この基準を示して初めて主体性を発揮できるのです。

経営者や管理職、そのほかの組織に属する多くの人が、同じ方向を向いて日々の活動を行っていたら、それは間違いなく「美しい会社」といえるのではないでしょうか。

組織を方向づける

さて組織について述べてきましたが、組織の本質は事業体であるということです。ドラッカー教授のマネジメントを実践するポイントの一つは、「組織のマネジメント」と「事業のマネジメント」を使い分けることです。両者の関係は、事業は組織の目的（ミッション）を実現するための手段だと位置づけられます。

２００６年、世界で一番古い会社といわれている金剛組が経営破綻しました。金剛組は、宮大工の組織体で四天王寺をはじめとした日本の名利の創建や改修を数々手掛けてきました。しかし当時、バブル経済の後遺症でついに金剛組という組織体は清算され、この世からなくなりました。
しかし、その過程で寺社仏閣の建築を中核とする事業は、人材もノウハウも、そして組織名としての金剛組も、地元のゼネコンである高松建設（東証1部）に引き継がれました。過去に四天王寺が二度全焼したにも関わらず、再建できたのは金剛組の存在があったからだといわれています。社会に必要とされる事業は、その存続を許されるということです。
この一事例は大切なことを私たちに教えてくれます。社会で必要とされているのは、組織ではなく事業だということです。つまり「事業」をマネジメントの中心的なテーマの一つに据えなければならないということです。

「事業を決めるものは世の中への貢献である。貢献以外のものは成果ではない」

（『マネジメント［上］』p109）

組織は社会の道具です。そしてその目的（ミッション）を実現する事業のマネジメントこそ、最重要のマネジメント領域といえます。「われわれの事業は何か」。組織を方向づけるためのドラッカー教授の代表的な問いです。

事業を可視化する

事業をフルーツに例えると、組織はフルーツバスケットといえます。フルーツが腐るように事業も必ず陳腐化します。つまり、事業にはライフサイクルがあります。

どのような組織も昨日の主力事業を廃し、明日の主力事業を育てなければなりません。またバスケットの大きさは、活用できる経営資源の量によって規定されます。つまり、組織ごとに事業の大きさや数はある程度決まってきます。無理して新しいフルーツを入れるとバスケットから落ちてしまいます。

それゆえ事業の更新は欠かせません。新しいことを始める際には、何かをやめる。簡単な原則が守られていません。そのためにも、常に事業やそれを構成する製品やサービスのライフサイクルをチェックする必要があります。

ライフサイクルというコンセプトは、事業を見る視点の一つです。実は、事業そのものを直接見ることはできません。多面的に事業を見るというアプローチを取ることで、かろうじて事業を可視化することができます。事業の目的、事業の定義、事業が有効であるための三つの要素などはそのためのツールです。このようなアプローチなしで事業を語ることは、目隠しをしながら手探りで答えを探す行為に似ています。本書の物語は、このような道具を使って事業の一端を可視化しつつ、具体的に自己革新を進めた実践例です。

可視化の第一歩は、組織を方向づけ、その方向づけの中で事業を行うために常に問い、答え、また問い直すことです。具体的に問いかけるべき12の重要な問いを挙げます。

①われわれの組織のミッションは何か
②われわれの組織の強みは何か
③われわれの組織で共有している価値観は何か
④われわれの事業は何か
⑤われわれの事業の顧客は誰か
⑥その顧客にとっての価値は何か
⑦われわれの事業にとっての成果は何か
⑧われわれの事業は何になるのか
⑨われわれの組織で廃棄すべきものは何か
⑩われわれの事業に影響を与える変化は何か

⑪われわれの組織の強みを生かせる機会は何か
⑫われわれの事業は何であるべきか

事業のマネジメントは経営者だけのものという誤解

マネジメントの中核の一つである事業のマネジメントは、中小企業では主に経営者が、大企業では管理職が中心となって行われることになります。しかし事業のマネジメントは、より広く組織に属する者が理解しておくべきものです。なぜなら事業のマネジメントは、仕事のマネジメントの基礎となるからです。

例えば飲食業という事業を行っている組織が、人気メニューを加工品として売り出せば物販業となります。飲食業と物販業では、事業プロセスが異なります。つまり仕事の内容が異なります。基礎となる事業のマネジメントの理解なしには、仕事のマネジメントも十分な効果は発揮することができません。働き方改革の本質は、仕事のマネジメントを徹底して行うことです。そのためにも事業の理解は避けて通れないものなのです。

方向性を持った組織活動の積み重ねは、組織に強みと価値観を生み出します。ミッションは何かを共有し、行動の基準としている組織にはリーダーシップが生まれます。リーダーシップとは、カリスマ性ではないとドラッカー教授はいいます。リーダーが行うべきことは、ミッションなどの道具を用いて組織を方向づけることです。

マネジメントとは、模範となることによって行うものである。

（『経営者の条件』まえがきⅲ）

リーダーシップとは、リーダーたちがミッションを語り、成果を追求する姿勢と行動を示すことで生まれるものです。こうして明確に組織を方向づけることで優れたフォロワーシップが生まれます。ドラッカー教授はそれを優れた組織の文化といいます。

さて、13の物語が始まります。一つひとつの物語の中に「美しい会社」の片鱗を見つけながら読み進めていきましょう。

contents

contents

contents

contents

■この本の読み方

それぞれの物語は4つのパートで構成しています。自身に引き寄せながら読み進めてください。

(1)ドラッカーの「言葉」とその「要点」
(2)ドラッカーの言葉に触発された経営者たちの「物語」
(3)物語の「解説」
(4)読者が考えるヒントにするための「質問」

本書は月刊経営誌「日経トップリーダー」の連載「実録・ドラッカーに学ぶ経営」(2017年4月号~2018年7月号)などに加筆・編集しました。登場する企業や人物の名称、肩書などは原則として雑誌掲載時のものです。

ドラッカーの著作からの引用およびページ数は、ダイヤモンド社の書籍に準拠しています。

物語 1

ミッションの旗の下に起業するも、
最先端すぎて需要がない。
このまま突き進むべきか?

原理原則

リーダーシップとは
人ではなく、
ミッションによって組織を
リードすることである

「重要なのはカリスマ性ではない。
ミッションである。
したがってリーダーが初めに行うべきは、
自らの組織のミッションを考え抜き、
定義することである。」

『非営利組織の経営』p2〜3

リーダーシップとカリスマ性を混同してはならない。たった一人のカリスマに頼れば、その一人が組織を去ったとき危機に直面する。それゆえ、組織の永続性を高めるためには求心力を個人に求めてはならない。

リーダーシップの源泉はミッションにある。考え抜かれたミッションと、それに従ったリーダーとメンバーの日々の行動が組織を方向づける。リーダーシップとは、組織を構成する一人ひとりの意識と行動の蓄積である。組織の存続に不可欠な次の問いを忘れてはならない。

「われわれのミッションは何か」

ミッションには次の3つの要素を折り込む必要があると、ドラッカー教授は説いた。機会、卓越性、コミットメントだ。

北海道宝島旅行社の事業には、最初から「機会」が折り込まれていた。北海道は未開拓の観光資源に満ちている。さらに「卓越性」を高めるべく、体験型観光プログラムという独自商品の価値を、質量共に他を圧倒するものに育てた。その過程で、共通の価値観に「コミット」するチームをつくり上げた。

焦点の定まったミッションが良き縁をつなぎ、チームとしての力を高めた。

死んで詫びたい危機に打ち勝つ

今、自分が死んだら保険金はいくら下りるか。その金で出資してくれた仲間に義理を果たせるだろうか——。

営業に回るレンタカーの運転席で涙があふれた。債務超過寸前。2009年7月、北海道宝島旅行社（札幌市）の鈴木宏一郎社長は崖っぷちに立っていた。

夢と安定の狭間で迷う

九州出身の関西育ち、大学は東北。そんな鈴木社長が北海道で起業したのは07年4月。乗馬やラフティングなど体験型観光プログラムを集めたサイト「北海道体験.com《ドットコム》」を立ち上げた。

大学時代にバイクで北海道を回り、美しい景色や出会う人々の温かさに魅了された。卒業後はリクルートに入社。東北支社、東京の広報企画部を経て1993年、念願の北海道支社に異動した。

4年後、北海道拓殖銀行の破綻で北海道経済が落ち込んだ。そこで行政から予算を引き出し、移住促進策などを提案する「地域活性事業部」を支社内に立ち上げた。

さらに地域振興について学ぶため、会社員との二足の草鞋で2年間、小樽商科大学大学院に通った。そこでドラッカーの著作と出合い、起業のきっかけとなった修士論文、『地域経営型グリーンツーリズム』による、北海道の地域活性化策の考察」を書き上げた。

農家や漁師をはじめ地域の人たちが自ら、地域の魅力を生かした体験型観光を展開し、〝外貨〟を稼ぐ。そんな道経済の理想像を1年かけて論文にまとめた。この実現こそ自分にとって、ドラッカーのいう「ミッション」だと確信した。

起業までには迷いもあった。鹿児島などへの転勤を経てリクルートを退職し、札幌の会社に転職。だが家族の生活を考えると、なかなか独立には踏み切れなかった。

背中を押したのが、リクルート北海道支社時代の部下の林直樹氏だ。鈴木氏の転職を知ると札幌まで訪ねてきて迫った。

「修士論文のあの事業、やるんですよね！　やりましょう！」

林氏は既にリクルートに辞表を出していた。鈴木社長も腹をくくって2007年、北海道宝島旅行社を創業。

当初の資本金は900万円。鈴木社長と副社長になった林氏が300万円ずつ出資し、残りは大学院時代のゼミの仲間3人が100万円ずつ出してくれた。

手堅くやったつもりでも

「イノベーションに成功するには小さくスタートしなければならない」（『イノベーションと企業家精神』p158）と、ドラッカーは言う。その言葉通りにやろうと始めたのが、「北海道体験.com」だった。

体験型観光プログラムを主催する農家などを募り、一緒に企画を練った旅行商品が500〜600個並ぶサイトを制作。メールで予約できるようにした。成約すると、売り上げの10％の手数料が会社に入る。

体験型観光をまとめたサイトは今でこそポピュラーだが、当時はまだ珍しく、すぐにメールが殺到すると考えた。しかし、メールは一向に来ない。仕方なく負荷が増すのを覚悟で電話受付を始めたが、その電話も鳴らない。資本金９００万円は瞬く間に底を突き、銀行には相手にされず、親しい友人などから出資を募るうち、資本金は２３５０万円に膨れ上がった。

追い込まれた鈴木社長は地方自治体などを営業に回り、サイト制作といった仕事を受注して日銭を稼いだ。それでも起業３年目で債務超過寸前に。自分を信頼して金を出した友人たちの顔を思い起こすと、泣けてきた。

一筋の光明もあった。外国人観光客の増加だ。だが、鈴木社長も林副社長も英語が不得手でインバウンド需要に踏み込めずにいた。

そんな折、リーマン・ショックの余波で、思いがけず英語堪能な人材を得る。政府が失業対策として実施した緊急雇用創出事業を活用し、補助金を得ながら人員を補強しようと考えた鈴木社長の下に応募してきたのが、シンガポールで働いた後、地元北海道で求職活動をしていた本間友紀氏。現在は取締役を務める。

面接で彼女に、いつもの熱弁を振るった。「うちは北海道のために頑張る会社なんだ。この土地の魅力を価値に変え、北海道が〝外貨〟を稼げる仕組みをつくろう！」。

本間取締役の奮闘で、「北海道体験.com」の英語版ができた。だが、それだけで外国人観光客が集まるほど甘くなかった。

軸があるから同志集まる

鈴木社長は、ビジネスモデルそのものに限界を感じ始めた。「観光プログラムの単品販売だけでは、現地に足を運ぶのも大変なお客様にとって不十分。交通や宿泊の手配までしなくては、お金を払ってもらえるだけの価値は生めない」。

だが、そこまでやるには旅行業免許を取得する必要がある。

そんな折、道内の旅行会社が破綻し、鈴木社長もよく知るベテランの企画責任者、大和寛氏が新天地を探していると知った。すぐ採用し、大和氏の尽力で2カ月後の11年2月、子会社を通じて旅行業免許を取得。大和氏は現在、副社長として鈴木社長を支える。

鈴木社長はこう振り返る。

「ミッションを修士論文という形で文章化した体験は大きかった。ミッションが体に染みこんでいるから、苦しくても諦めなかったし、共感する仲間が次々集まった」

リーダーシップについて、ドラッカーはこう記す。「最初に考えるべきものはリーダーシップではない。ミッションである」（『非営利組織の経営』ｐ50）。鈴木社長のミッションは、間違いなくリーダーシップの源泉だった。

旅行業免許の取得で事業が軌道に乗った。大和副社長と本間取締役が海外に出張して営業。オーダーメード型の旅行を次々に受注した。最大の武器は、今では１３００以上にまで増えた体験型観光プログラムの充実ぶりだ。苦しい時期も開発を続けた努力が実った。

例えば、東南アジアや欧米の富裕層が家族や仲間十数人と北海道を10泊する。予算は１人１泊10万円ほどで楽しい旅にしたい。こうした顧客から、ベジタリアンやハラル対応も含めて、要望を細かくヒアリング。浜に上がったばかりの魚を、漁師の奥さんと一緒にさばいて食べるなど、お金だけでは得られない体験を提供する。

16年、旅行業免許を持つ子会社と合併。19年３月期は売上高７億５５００万円。株主へも感謝を込めて配当を実施している。さらに地方自治体の委託で開発した体験型観光プログラムに、自社から送客する取り組みも強化している。

「まさに修士論文に書いた通りの事業になった。ミッションには、セレンディピティー（偶然の発見や出会い）を引き寄せる力もある」と、鈴木社長は感じている。

北海道宝島旅行社の経営陣。北海道の地域振興にかける鈴木社長（中央）の熱意に共鳴し、林副社長（右から2番目）や本間取締役（右端）、大和副社長（左から2番目）などが集結した。左端はＩＴ技術を支える高橋由太執行役員CTO

海外の富裕層中心に北海道での体験型観光プログラムを提供。農業・漁業体験をはじめ、餅つきや犬ぞり、ワカサギ釣りなど多彩なメニューをそろえ、飽きさせない

解説

損得勘定で集まった集団は、ちょっとした危機から崩壊へと向かいがちです。メンバーの関心の焦点が「自分の組織への貢献」よりも「組織の自分への処遇」にあると、組織の危機が、自己保身に走るスイッチになってしまいます。「皆で何とか乗り越えよう」という意識の源は、仲間と共有する仕事の意義や誇りです。そのようなメッセージが部下や同僚はもちろん、お客様に伝わっているでしょうか。その発信こそがリーダーの役割です。

ミッションを伝えるためには、一方的に言葉で発信するよりも、一貫した姿勢や行動で伝えることのほうが効果的です。リーダーが何を優先するかという判断や、どんな人、どんな組織と働くかという姿勢が、話す言葉以上に強いメッセージとして伝わるのです。

さらにいえば、どんなときも「ミッション」に基づいて判断し、コミットメントする組織をつくるためには、互いの考えを話すコミュニケーションの場面や、判断を振り返る場面も必要です。スタッフの一人ひとりが、自分が発した言葉や判断に責任を持つからです。

北海道宝島旅行社の鈴木社長は、組織のミッションに従い、苦しい時期も体験型観光プログラムの開発を継続しました。その姿勢が、志ある優秀な人材を引きつけ、現在のチームだけでなく、体験型観光ガイドや現地協力者のネットワークをつくり上げたのです。そしてプログラムが充実したとき、努力は実り、思い描いた通りの事業に成長しました。

あなたの組織の
ミッションから導き出される
「行うべき活動」は何ですか？

memo

あなたの組織の
ミッションから導き出される
「行うべきでない活動」は何ですか？

memo

自分たちがミッションに従った行動をしているかを振り返るために、社内のどんな機会を利用できますか？

memo

物語2

言われたことしかしない社員。何が必要なのか？

原理原則

ミッションをはじめとした複数のツールを用いて組織を方向づける

「組織は一つの目的に集中して、
初めて成果をあげる。」

『ポスト資本主義社会』p71

多くの経営者が、社員に「主体性を持って仕事をしてほしい」と訓示する。しかし、その言葉だけで社員が自ら考え行動するようにはならないことも、自らの体験から知っている。社員が主体性を発揮できない組織は、たった1つの決定的な条件が欠けている。それは、明確に絞り込まれた目的。使命、ミッションとも言い換えられる。

ドラッカー教授は「**組織は道具である。…中略…したがって、目的すなわち使命が明確であることが必要である。組織は一つの使命しかもってはならない。さもなければ、組織のメンバーは混乱する**」（『ポスト資本主義社会』p72）とした。主体性は一定の方向を与えられて、初めて成果に結びつく。

NES《ネス》の南里《なんり》社長は『経営者に贈る5つの質問』を用いて、組織を方向づけた。特に大きな変化をもたらしたのが、第3の質問の「顧客にとっての価値」、そして第4の質問が問いかける「成果」の定義だ。

5つの問いに向き合った南里社長は、学習塾の成果を「学力アップによる志望校合格」と捉えるのをやめた。生徒が「目標に向かって努力する体験」を通じ、「明日の自分が楽しみになる」ことが、自社の成果なのだと捉え直した。経営者が成果の定義を変えれば、社員が行うべき仕事はおのずと変化する。

失敗してでも努力してほしい

「別にうちの子が志望校に合格しなくてもいいんです」――。

予期せぬ顧客の声にハッとした。

NES（佐賀県多久市）の南里洋一郎社長は、佐賀県内に2教室を持つ学習塾の経営者。2010年、全生徒約130人の保護者との個別面談を開始した。そこで想定外の本音を知る。

「うちの子は今、『この高校に行きたい』という一心ですごく頑張っています。それなら受からなくてもいいから、自分で決めたことを全力でやり切らせたい」

1人、2人の意見でなく、多くの人が同じ希望を口にした。

学習塾に対するニーズは「志望校合格」「成績アップ」だとばかり思っていたが、実は違った。保護者は何より、目標に向かって頑張る我が子の姿が見たいのだ。実際、その体験は子供の人生において大きな価値を持つだろう。

南里社長は閉塞を打破する糸口をつかんだ気がした。

言われたことしかしない

南里社長が郷里の多久市に「南里英語教室」を開いたのは05年。

大学卒業後、カナダに1年渡航。ウェイターのアルバイトで持ち前のコミュニケーション力を発揮し、時給の3倍近いチップを稼いだ。

そんな南里社長から見ると、日本人には英語の知識はあっても、話したいことや度胸がなくてまごつく人が目立った。そんな現状を変えようと、子供向けの英語教室を開業することを思い立った。

帰国後、大手学習塾に教室長として約2年勤務。生徒の純増数で約200教室あった九州地区でトップに立ち、自信を得て起業した。

だが、最初にチラシなどで集められた生徒は2人。ここで前職の教室長時代の教訓を生かし、考えた。「商品は先生。今の生徒の評判が、新しい生徒を連れてくる」

文化祭など、塾の生徒が通う学校の行事に片っ端から顔を出した。生徒と親しく話していると、ほかの生徒や保護者からも声がかかる。それが糸口になって、口コミで生徒が増え始めた。

08年には教室を拡張移転。教える科目も英語だけから5科目に増やしていき、社員を新卒採用で2人、中途で1人採用。組織としての体制を整えていった。

ここで大きな壁にぶつかる。

組織が回らない。

社長の自分が指示を出さないと社員が動かない。電話が鳴れば取る。生徒が来れば授業をする。生徒と雑談もする。ただ自発的にできるのはせいぜいここまで。

主体性を育もうと、社員には授業のほか、広報やイベント企画といった担当を持たせた。だが実際には、社長が「今年のハロウィーンには、こんなパーティーをやろう」などと切り出さないと、何も始まらない。

答えよりも問いが大事

「なぜうちの社員は作業係のような働き方しかできないのか」

答えを求めて書店で見つけたのが、ドラッカーの『マネジメント』だった。最初はなかなか読み進まなかったが、縁あってドラッカーの読書会に毎月、参加するようになると弾みがついた。

そこで出会った人から「ドラッカーの理論を突き詰めた究極のマネジメントは管理を不要にする」と言われ、興味が増した。指示命令ばかりの今の経営スタイルから、何としても脱したい。

ドラッカーのこんな言葉に共感した。

「間違った問題に対する正しい答えほど、実りがないだけでなく害を与えるものはない」

(『マネジメント［中］』p122)。

確かに現実の社会では、どんな答えを出すかより、どんな問いに向き合うかが重要だ。そこで手に取ったのが、ドラッカーの『経営者に贈る5つの質問』。わずか110ページほどの1冊に、経営者に向けたシンプルな問いが並ぶ。これらに自分なりの答えを探す日々が始まった。

第1の質問は、「われわれのミッションは何か?」。

この問いの答えは明解な気がした。知識だけでは海外の人とコミュニケーションできないという問題意識が、起業の原点。それを踏まえて社員と2時間も話し合うと、次の1文にまとまった。

「『共育』を通じて未来を拓く国際的な人財の育成に貢献する」

第2の質問は、「われわれの顧客は誰か？」。

授業を受けるのは生徒。その保護者も顧客と呼べる。しかし、ミッションに込めた「共に育ち合う」という思いを貫くには、保護者以外の生徒の家族、さらには地域住民や学校関係者も巻き込みたい。

ここまでは迷わず答えが出た。

だが、第3の問いは難しかった。

「顧客にとっての価値は何か？」

学習塾の顧客ニーズといえば、成績向上、志望校合格と考えるのが一般的。だが、本当にそれでいいのか。ドラッカーは言う。

「憶測しようとしてはならない。常に顧客のところへ行って答えを求める」（『現代の経営［上］』p73）。

明日の自分に期待する

そこで保護者全員との面談を決意。そして冒頭の通り、意外な顧客の本音を知る。新しい発見を踏まえ、第3の問いにこう答えた。

「目標に向かって真剣に取り組む経験、体験」。つまり、「成績」という結果ではなく、「努力」するプロセスの支援にこそ価値がある。

第4の問いは「われわれにとっての成果は何か？」。

何ができれば、第3の問いで見つけた「価値」を、顧客に提供したことになるのか。答えはあるとき、天啓のように降りてきた。

「明日の自分が楽しみになる」

生徒が目標に真剣に取り組めば、明日の自分が楽しみになる。明日の自分が楽しみだから、今日頑張れる。これこそ自社の事業が成功しているかどうかを示す指標だ。

ドラッカーが最後に用意した問いは「われわれの計画は何か？」。

実際には、最初の4つの問いに答えが出ると、次々に新しい計画のアイデアが出てきた。

例えば「目標に向けて真剣に取り組む」ことが、この塾の価値なら、そんな生徒の姿を記録に残そう。南里社長はそう考え、受験生たちを夏期講習の時期から卒業までこまめに撮影し、記念のフォトブック（左ページ写真）をつくることにした。生徒の表情が日を追うごとに凛《りん》と大人びてくることが分かり、本人にも保護者にも好評だ。

社員からの提案も徐々に増えた。塾の生徒に限らず、地域の子供たちに海外の人と触れ合う場を提供する「国際理解講座」はその1つ。エジプト出身の人を招いて象形文字で自分の名前を書くなど、体験型の企画が好評を博している。

実は、最初の4つの問いに答えを出した12年頃から、生徒数の伸びがいったん止まった。南里社長は「成長の踊り場だからこそ、人材育成に注力しよう」と考えた。教室長を任せられる社員が育った15年、2つ目の教室を開き、再び成長軌道に乗る。17年3月期は売上高5700万円、経常利益542万円。

「正しい問いが、人と組織を成長させる」（南里社長）。

受験生の成長する姿を記録に残すフォトブック。保護者や生徒に好評

NESの南里社長。2005年、20代半ばで英語塾を立ち上げた

■南里英語教室の生徒数の推移

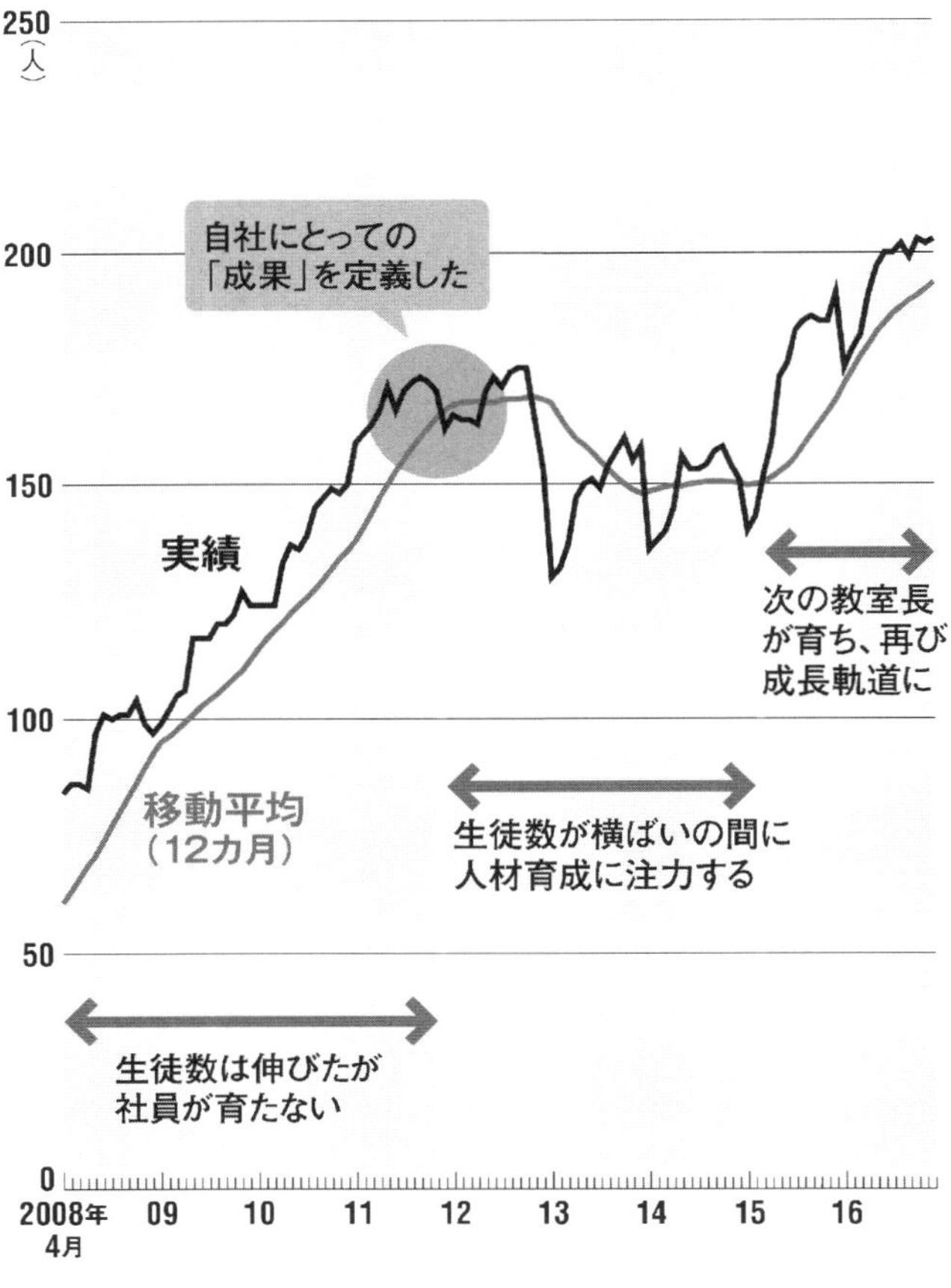

解説

指示待ちでなく、主体性をもって社員に働いてほしいのなら、指示の出しすぎがよくないことは自明です。よかれと思ってする助言や情報提供も、「こう動いてほしい」という経営者や上司の意図が強く働くと、社員にはやらされ感が生じます。

人は自分が思いついたアイデアについては積極的になるものです。ですから、主体性を育む上で有効なのは、実行者の発想を引き出す「問いかけ」です。その中でも「いつまでに」や「どれから」という問いかけよりも、「何を」「どのようにすれば」という選択肢を広げる問いかけのほうが主体性を引き出すには有効です。

しかしながら、「組織の方向づけ」がされていない状態で、「何を」と聞かれれば、組織の進む方向と関係なく、「自分がやりたいこと」を答えるものです。それに応じて、問いかけたはずの上司が回答を否定して修正すれば、かえってやらされ感は増します。

このときに必要な「組織の方向づけツール」はミッションだけではありません。南里社長は、指示命令型のマネジメントから脱するために、『5つの質問』というツールを用いました。その結果、「明日の自分が楽しみになる」という、シンプルで強力なイメージを持つ成果が定義できました。その上で、最後の質問「われわれの計画は何か?」を改めて問いかけたのです。有効な提案が集まる主体的な組織が誕生しました。

あなたの組織では、
現場でのさまざまな判断の基準として、
どのような方向づけのツールが
活用されていますか？

memo

あなたの組織が扱う
商品・サービスが提供されたとき、
お客様にどんな変化がありますか？

memo

「組織の成果は、一人ひとりの人間の生活、
人生、環境、健康、期待、能力の変化という
組織の外の世界に表れる」とドラッカー教授は
語りました(『経営者に贈る5つの質問』p55〜56)。
あなたの組織が素晴らしい成果を上げたとき、
どんな人たちの何に、どんな変化が起こりますか。

memo

物語 3

前年対比何%という
安易な目標にコミットするあまり、
社内がギスギスした雰囲気になった…

原理原則

利益の最大化ではなく、ミッション実現のために「必要な利益」として方向づける

「『利益』が会計上の幻影にすぎないことは、
いくら強調しても強調しすぎることがない。
……中略……
利益なるものは存在しない。
存在するものは、
事業継続のための繰り延べされた
コストにすぎない。」

『[新訳]乱気流時代の経営』p33

利益は、単なる売上高と経費の差額ではない。ドラッカー教授は、利益には次の3つの役割があると指摘している。

（1）事業活動の有効性と健全性を測定する。

（2）陳腐化、更新、リスク、不確実性をカバーする。

（3）事業のイノベーションと拡大に必要な資金調達を確実にする。

2番目と3番目の役割は、利益とは未来のためにあることを示す。その意味で、利益の蓄積である内部留保は、組織の未来を支える燃料タンクだ。

1番目の役割は、燃料の使い方に対する良しあしの問題だ。有効性とは、自社の事業が顧客の支持をどの程度得ているか。健全性とは、事業に投下する資源配分が妥当であるかを問うものだ。

NES《ネス》の南里社長は、人口減少という未来のリスクを見越して、「今、必要な利益」をはじいた。このように利益を結果ではなく、手段として捉える視点は重要だ。「より大きな利益のために」という志向では、人は動かない。あるいは誤った方向に導く。人が心から納得して動くのは、「より良い未来のため」の構想があるときだ。利益は未来のためのコストにすぎないのだから。

数字の「根拠」が人を動かす

自社のマーケットは3年で約2割縮小する――。パソコンの前で表を凝視しながらがく然とした。

NESの南里洋一郎社長が、郷里の多久市に学習塾を開いたのは2005年。それから7年ほどかけて、生徒数を約170人に増やした頃のことだ。

既に地元中学の生徒の25％ほどが自分たちの教室に通っていて、「この場所でこれ以上のシェアアップは難しい」と感じていた。

そんなとき、ドラッカーの『マネジメント』を読み、人口の変化に関心を持った。本には次のような言葉が並んでいた。

「市場動向のうち最も重要なものが、人口構造の変化である」

「人口構造だけが、未来に関して唯一の予測可能な事象だ」

多久市のホームページには、年齢別の人口のデータがあった。3年後に中学に進学し、自社の潜在顧客になるのは、今、小学4〜6年生の子供たち。そんな具合に計算してみると、3年で市内の中学生の人数が約2割減少し、市場が急激に縮小する時期が間近に迫っていると分かった。

未来の人口を自力で計算

近隣の他の市町村についても同様に調べたが、多久の市場の縮み方は際立っていた。県庁のある佐賀市も中学生は減るが、多久ほど急でない。福岡市のベッドタウンとして発展する鳥栖市は、横ばいか増加傾向。佐賀や鳥栖は中学生の絶対数も多久よりずっと多く、これらの地域に2つ目の教室を出すアイデアも頭をよぎった。だが、市場規模が大きいだけに大手との競合が激しい。

そこで目を付けたのが、すぐ隣の小城市だ。中学生の人口はほぼ横ばいの見込みで、めぼしい大手はいない。何より、NESの教室の評判を口コミで聞きつけ、約20分かけて通ってきている生徒が既にいた。

南里社長は「3年後に小城に進出する」と、心に決めた。そのために今、やるべきことは何か。

1つには幹部クラスの人材を育てなければならない。そこで南里社長が担っていた教室運営の仕事を社員に委ね、教室長に任命した。さらに翌年、その次の教室長候補を選抜し、教育を始めた。

この計画を実行するときに役立ったのが、ドラッカーに学んだミッションを軸としたマネジメントだった。

ちょうどこの頃、社員と議論しながら、「自社にとっての成果は、生徒の成績アップではない。生徒が目標に向けて頑張ることを通じ、明日の自分を楽しみに思えるようになることだ」と、定義した。このような目的の明確化が社員の主体的な行動を促し、人材教育に手応えを感じ始めていた。次の教室長の育成は比較的スムーズに進んだ。

しかし、新しい教室の立ち上げには、もう1つ欠かせないものがあった。資金だ。ドラッカーの言葉にまたハッとさせられた。

「利益とは、未来の費用」(『マネジメント[上]』p148)。

財務の不勉強を猛省

実はそれまで、利益が上がると役員報酬を増やし、会社にはあまり残していなかった。しかし、そんなやり方では銀行融資を受けるのもままならず、未来に向けた投資などできない。自分の経営者としての未熟さを痛感した。

そこで現場を社員に任せることでできた時間で、財務を学んだ。まず、自分たちの教室では何にいくらかかっているのか、収益構造を把握した。

そして15年3月期、「経常利益500万円を目指す」と決めた。500万円という目標は、新しい教室の立ち上げにかかる費用を概算した額。その達成に必要な売り上げを計算して客単価で割り、目標とする生徒数を社員に示した。

それ以前は、漠然と「昨年対比120％くらい売り上げられるといいね」などと、社員に話していた。だが、「全く響かなかった。今思えば当然の話で、『なぜ20％なのか』という意義付けがなかった」と、南里社長は振り返る。

「会社の未来を考えれば、今、小城に進出しなければならない。その原資を自分たちできちんと稼ぐんだ」と話すと、社員の動きが変わった。

期の半ばを過ぎた秋には、確実に400万円の経常利益は上がると予想できるところまできた。その段階から小城での物件探しや採用をスタート、15年3月に新教室を立ち上げた。

次の16年3月期は、利益0円で終わってもいいと割り切った。学習塾は信頼が基盤で、集客にはどうしても時間がかかる。だから初年度の小城教室は赤字でも仕方ない。それを多久教室の利益で埋めるという目算だった。

「思い」と「数字」の両輪

そして小城教室が軌道に乗った17年3月期、「経常利益600万円」という目標を掲げた。

佐賀市に3つ目の教室を立ち上げるためだ。新規出店に先行して、人材育成に600万円かける必要があると見込んだ。あらかじめ社員を多めに採用し、多久教室に配属して育てる。その間、多久は余剰な人員を抱え、高コストになる。その手当てに必要と弾いた金額が600万円だった。

17年3月期、実際に獲得した経常利益は542万円。目標の9割の水準で着地した。

佐賀進出に向けた次の課題が、生産性の向上。具体的には、動画教材の導入だ。効果的に活用できれば、社員は「授業をする」という負荷の重い仕事から解放される。その結果、今より少ない人員で教室を運営できる。しかも社員が個別の生徒に合わせた助言や指導に集中できるので、顧客満足度も向上するというシナリオを描く。

利益目標を立てて実現する過程では、反省もあった。「数字に強くコミットするあまり、社内の雰囲気がギスギスした時期があった」という。そんな経験を踏まえ、南里社長は今、こう考えている。

「経営には2つの側面がある。1つは、自分たちの『ありたい姿』を明らかにする『思い』。もう1つは、思いの実現の度合いを定量的に測る『数字』。この2つのバランスを取りながら、社員が存分に活躍できる場をつくりたい」

■「未来の危機」を社員にデータで示す

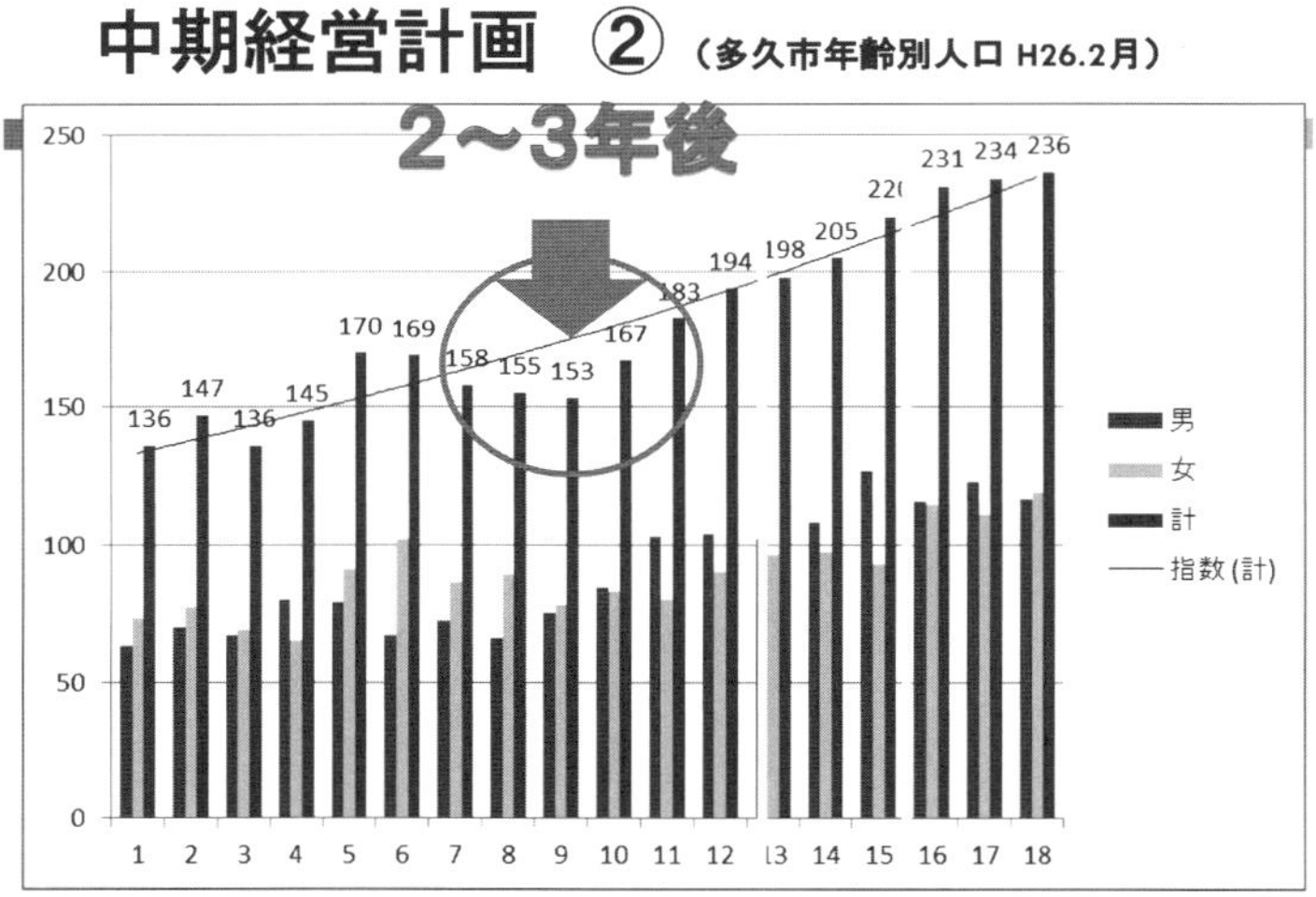

2014年度　株式会社　NES

方針発表

2014年3月21日（金）

社員4人の時期に経営方針を発表したプレゼン資料。地元の多久市の年齢別人口をグラフ化することで、数年後に顧客となる中学生が激減する事実を提示。新規出店の必要性を強く訴えた

多久市の人口減に備えて、小城市に新設した教室

南里社長(後列右端)と、NESの教室に通う子供たち

解説

個人の貯蓄には目的があるものです。マイホームやマイカーの購入、子供の教育費や老後の備えなど、総じてより良い未来をつくるためのコストです。会社が利益を上げるのも同じです。私たちが年を重ねるように、組織も事業も成長期を経て経年劣化します。組織を維持・発展させていくためには、人材や設備などの経営資源の維持・更新・追加投資が必要ですし、事業リスクへの備えや新規事業への種まきも欠かせないのです。

人間も会社も、夢のある将来を描けないと「宵越しの金は持たない」といった刹那的な判断に陥りがちです。その典型は、儲かった年度に節税と称して、儲けをばらまく業績連動の報酬です。利益という蓄えは必要なものなのです。

一方で、利益の最大化を目的にすることもまた誤りです。これは個人でいえば、人生の目的は貯蓄の最大化と言っているようなものです。老後が心配だからといって、なりふり構わず貯蓄する守銭奴では、生きている意味を失ってしまうでしょう。

未来をつくるコストを的確に確保する判断・行動を促すためには、南里社長のように「将来の危機」と「夢のある未来」をつくるための根拠を数字で認識すると効果的です。貯蓄の目的を示すように、必要な利益の意義を共有すれば、儲かった年でも浮かれず、苦しいときでも未来のための予算を捻出できる、持続可能な組織体質になるでしょう。

あなたの会社が
次のステージに進む
鍵となる施策は何ですか？

（商品開発、市場開拓、店舗等開発、生産性向上、自動化など）

memo

質問

あなたの会社や
業界にとって危機となる
将来の変化に備えるためには、
どんな備えをすべきですか？

memo

それらの施策の実行に
必要な経営資源を確保するには、
いつまでにどれだけの利益の蓄積が
必要ですか？

memo

物語 4

セルフイメージが低い社員たち。
彼らの誇りを取り戻したい…

原理原則

卓越性(強み)と市場を特定し、そこに集中して事業を行う

「事業の定義は、
集中を強いるものでなければならない。
卓越性を獲得すべき知識を特定し、
リーダーシップを獲得すべき市場を
特定しなければならない。」

『創造する経営者』p261〜262

要点 ＞＞＞＞

あらゆる経営者は「自らの事業についての定義」を持たなければならないと、ドラッカー教授は力説する。複雑な日々の意思決定を首尾一貫したものとするには、明確な「事業の定義」が不可欠だ。

八幡自動車商会は、事業の定義を「お客様の安全をお守りすることを絶対的使命」とするミッションから考えた。だから、安くて売れるといっても、安全性に確証を持てない中古車は「販売しない」とした。一方、足元の利益率は低くても、過疎地の高齢ドライバーをケアする事業は「育てる」と決めた。こうして目的を実現するために事業領域を限定した。

事業の定義はさらに、自社を取り巻く経営環境に適合していなければならない。ドラッカー教授のいう「リーダーシップを獲得すべき市場」とは、「顧客の支持が得られる市場」と言い換えられる。八幡自動車商会が車検事業に集中したのは、売り上げの安定性と利益率の高さが、顧客の支持を得ている証しだと理解したからだ。

この車検事業において八幡自動車商会は、最初から「卓越性」を持っていた。整備士の技術レベルが高いという持ち味が生きた。その後も「車の医療に携わる医者」たるべく若手の教育に力を入れ、卓越性に磨きをかけている。

20年で売上高70倍の原動力とは

「役立たずは、さっさと帰れ！」

得意先の社員から整備士に投げつけられた、心ない怒声に涙がこぼれた。

八幡自動車商会（山形県酒田市）の池田等社長は2代目。東京での商社勤務を経て1998年、28歳で父が経営する自動車整備工場に入社。郷里の山形に帰った。

当時の八幡自動車商会は、整備士4人と事務員1人を雇い、売上高5000万円ほど。得意先は主に建設会社で、トラックなどを販売した後、整備や車検を請け負う下請けのような存在だった。

入社間もないある日、得意先に突然、呼び出された。

「うちの車が田んぼに落ちた。引き上げてくれ」

すぐに整備士と駆け付け、2人で泥だらけになりながら1、2時間、悪戦苦闘したが、車は全く動かない。そんな最中に「役立たず」という怒声を浴びた。

整備士は国家資格を持つ立派な技術者だ。こんな仕打ちを受ける現状を許していいものか——。

地銀並みの給料にしたい

池田社長は大学卒業後、総合商社の日商岩井（現双日）に就職した。当時は父の後を継ぐことなど考えていなかった。成績は良く、入社3年目で米国の石油メジャーのプロジェクトを受注。充実感があった。

しかし、あるとき上司と衝突したのを機に、将来について考え直した。サラリーマンばかりの大企業では、稼いだ実績より、社内政治の巧拙が人事評価に響き、大きな仕事を任されるかも左右する。そう考えると嫌気が差した。

商社の最前線で多くの事業の採算性を分析し、経営の奥深さを実感した。今度は、自分自身の力を事業で試してみたい。そう考えたとき家業を継ぐことに魅力を感じ、郷里に帰る決断を下した。

それから商社を退職して帰郷するまでの約1年、経営書をむさぼり読んだ。その中で感銘を受けたのがドラッカーの著作だった。

その後、実家の整備工場の現場に入り、そこでの体験から本で読んだ言葉を思い起こすと、その意味が深く身に染みた。

雪道で得意先の社員の怒声を聞いたときが、まさにそうだった。脳裏に「ミッション」の重要性を説くドラッカーの言葉が浮かんだ。

「ミッションからスタートしなければならない。ミッションこそ重要である。組織として人として、何をもって憶えられたいか」（『非営利組織の経営』ｐ１５７）。

このドラッカーの問いに答えるべく、池田社長は、自分たちの仕事を「車の医療に携わる医者」と位置付け、「お客様の安全をお守りすることを絶対的使命」とするミッションを定めた。

自動車整備工場にはメーカー系列と独立系の2種類があり、八幡自動車商会は後者。整備士には全メーカーの車に対応する技術と知識が求められる。池田社長は幼い頃から彼らを尊敬していた。

なのに、軽んじられている。整備士自身のセルフイメージも低く、待遇が悪い。勤続20年以上にもなる50代の工場長が月給27万円だと、入社して初めて知って驚いた。

彼らにプライドを取り戻すのに、まず必要なのは明確な言葉だ。そう考えてミッションを定めた。

次に目指すのは、稼げる事業を育て、給与を上げること。目標は地方銀行の行員と同レベル、30代で平均年収400万円、40代で500万円。そう心に決めた。

寝ても覚めても車検

八幡自動車商会の財務諸表を見ながら、戦略を練った。

現状は無借金で、わずかに利益を出しているが、建設需要の減退で先行きが不透明。だから両親は会社を売るつもりでいた。

事業部門は大きく2つ、車の販売と車検に分かれる。

父は車の販売を強化したがっていた。確かに販売事業は1件の成約で大きな売り上げが立つが、月次で見ると波が大きい。

一方、車検は単価が低いがリピートが多く、売り上げが安定している。しかも利益率が約60%と、車の販売の15~20%と比べて高い。

さらに車の販売では、仕入れの支払いが先行するが、車検は、使用した部品などの代金は後払いでいい。事業として育てる上で大きなメリットになる。

経営資源の集中は、ドラッカーも強調するところ。「重要なことは、いかに適切に仕事を行うかではなく、いかになすべき仕事を見つけ、いかに資源と活動を集中するかである」（『創造する経営者』p 7）。

池田社長は車検事業に集中する決断を下した。さらに顧客を、マイカーを持つ一般消費者に広げようと考え、車検専門店を展開するコバック（愛知県豊田市）のフランチャイズチェーンに加盟した。

98年、「コバック 庄内八幡店」を出店すると、トップ自ら営業に奮闘した。当時は、寝ても覚めても頭の中は、車検のことばかり。道を走る車のフロントガラスに貼られたステッカーを見れば、車検が切れる時期が分かる。もうすぐという車を見つけては追いかけ、自宅を訪問して売り込んだ。

こうして3、4年頑張ると、年間1600件を受注するまでになった。「この立地で驚異的な数字」と驚いたチェーン本部の社長や役員が、ほかの加盟店の経営者を連れて視察に来た。

上昇気流を受けて、次の一手を考え始めた池田社長は、ある数字に目を留めた。運輸局のデータによると、山形県内のマイカーのうち、約半数が軽自動車。思いのほか、比率が大きい。

そこで軽自動車の車検に集中しようと考えた。車検を確実に受注するため、軽自動車を安く売る。目的は車検だから薄利多売でいい。

2001年、ショッピングセンター内に、実験的に軽自動車専門店を出した。最初は何が売れるのか分からず、オークションなどで20～30台の雑多な軽自動車をかき集めて並べた。その中で売れる車と売れない車が明確に分かれた。

「激安」対「高めの中古」

売れ筋は2種類。80万～90万円の「高めの中古車」か、30万円以下の「激安の中古車」。100万円以上する新車は高くて売れず、中間価格帯の中古車も不人気だった。

「高めの中古車」とは、具体的には、未使用の中古車。実質的には新車と変わらないが、2、3割安く、品質と価格をバランスよく求める層に支持されていた。

一方、30万円以下の中古車は、安さを徹底して求める層が買っていた。だが、商品に目を向けるとあまりに古くて整備に不安が残る。これでは「お客様の安全をお守りすることを絶対的使命」というミッションに反する。

池田社長は「未使用の中古車に特化しよう」と決めた。

02年、未使用の軽自動車に特化した「ｆｉｎｏ（フィノ）」を出店。狙い通り、軽自動車の販売と車検の両輪で、急成長した。19年1月期の売上高は約35億円。入社から約20年で約70倍に増え、「地銀並みの給与水準という目標も95％達成した」（池田社長）。

一方で、営業利益率が１％前後にとどまることは課題だ。

とはいえ、「車の医療に携わる医者」として、利益が薄くても伸ばしたい事業もある。例えば、軽自動車を買った人への無料サービスとして、過疎地でも自宅近くに出向き、オイル交換などをする「巡回整備」。

「高齢者には、自動車のメンテナンスのために十数キロを運転するのも疲れるという人が多い」（池田社長）ことに、課題を感じた。実際、田畑の真ん中でオイル交換をしていると、「うちもやってほしい」という高齢者が次々に現れる。

このようにミッションを貫きながら、いかに利益を上げるか。

「鍵を握るのは人材育成だ」と、池田社長は考えている。

現在、約130人にまで増えた社員の大半は20～30代。新卒採用に力を入れてきたからだ。目下、そんな若手一人ひとりの強みの開発に取り組んでいる。

キーワードは「異常値を探せ」。例えば「スラッジナイザー（エンジン内部を洗浄するサービス）の受注が全国1位」といった、「ニッチなトップ社員」を発掘し、称える。さらに、その社員のセールストークを動画に記録し、社内で共有する。社員たちはすき間時間にスマホを操作するだけで、トップセールスの技を学べる。

「この蓄積が生産性を上げ、利益率を上げるはず。今の若手が中堅に育つ10年後には、利益率10％も決して夢ではないはずだ」と、池田社長は語る。

上の写真は、ベテラン整備士。現在、若手の教育係として活躍する。左の写真は「事業発展計画書」の1ページ。池田社長が最初に掲げたミッションは現在、「車検のコバックの誓い」の冒頭に残っている

池田社長。米国の高校を卒業し、上智大学を経て総合商社で働いた

八幡自動車商会が運営する「車検のコバック」

社員教育に動画を活用。特定分野に強い社員のセールストークなどを集めて視聴、学習できるようにしている

解説

事業のマネジメントに際しては、「われわれの事業は何か」という「事業の定義」が重要な「方向づけ」の指針となります。「事業の定義」が有効であれば、顧客の支持につながり、高い利益率や成長率の鍵となります。

事業のマネジメントにおける意思決定の典型が、この物語のような既存事業の見直しと絞り込みです。少ない経営資源を薄く広くばらまいても成果は上がりません。成果を上げるには、特定の事業への経営資源の集中投下と、それを実現するために、他の事業にこれまで割り当てていた経営資源を開放するための「事業活動の廃棄」が必要なのです。

八幡自動車商会の場合は、活動地域や対象顧客層の消費特性・利用特性に基づいて商品・サービスを絞り込み（事業環境）、蓄積されている知識や経験の範囲と深さが生かされる事業活動に絞り込みました（卓越性）。逆に、利益が薄くてもミッションを貫くために伸ばすという判断をしたものもありました。

この際、自社の卓越性（強み）の見直しも重要です。顧客の支持につながっている自社が保有する知識やノウハウは何かが特定できれば、意識して蓄積し、現在のスタッフ、将来のスタッフと共有する仕組みもつくることができます。それは、お客様からの支持の安定や働く人の能力維持だけでなく、働く誇りにもつながるはずです。

組織のミッションを貫くため、
たとえ儲かったとしてもやらない事業
(逆に儲けが薄くてもやるべき事業)は何ですか?

memo

これまでの倍の経営資源を投入すれば飛躍的に成果が上がる事業（製品やサービス、活動など）は何だと思いますか？

memo

お客様からの支持につながっている
自社独自の知識やノウハウは、
どのような形で蓄積していますか？

memo

物語 5

非効率な長時間労働で疲労困ぱいの
老舗製造業の営業社員。
やる気アップ策も効果がない…

原理原則

事業は知識で専門化し、市場や製品で多角化する。もしくはその逆で、市場で専門化し、知識で多角化する

「あらゆる企業が専門化しなければならない。
あらゆる企業が、その専門化から
可能なかぎり多くの成果を得なければならない。
そのような意味での多角化をしなければならない。
この専門化と多角化のバランスが、
事業の範囲を規定する。」

『創造する経営者』p278

非生産的な事業が資源の有効活用を妨げる。かつての三州製菓はその典型だ。大手に真っ向勝負を挑み、社員が疲弊していた。

しからば「われわれの事業は何であるべきか」――。ドラッカー教授が投げかける、この大きな問いに答えるには「あらゆる企業が中核となるものをもたなければならない」（『創造する経営者』p278）。

多角化の方向は2つある。第一に、知識で専門化し、市場で多角化するパターンである。三州製菓は、自社の「中核」が「米菓製造」にあり、量販店向けの営業にも洋菓子製造にもないと見定め、「少量多品種生産」に焦点を絞って専門化を図った。その結果、大手と競合しない3つの市場を開拓し、真の多角化を実現した。第二に、市場において専門化し、知識で多角化を図るパターンである（本書の物語12）。

いずれのパターンも資源を有効活用するには、強みが生きる分野への集中が欠かせない。集中と多角化は一見、矛盾するように聞こえる。しかし多角化の本質は、自社の強みを深めることにある。ドラッカー教授は事業の範囲を次のように表現する。

「卓越性の定義は、事業に弾力性や成長と変化の余裕をもたせることができるように、大きく、しかも集中が可能なように範囲を特定するものでなければならない」

「利益なき長時間労働」を脱する

理想への道は長い――。家業に入って痛感した。

米菓メーカーの三州製菓（埼玉県春日部市）は１９４７年創業。その翌年、創業者の息子に生まれた斉之平伸一社長は、幼少期から後継者になることに迷いがなく、青年期は経営学に関心を寄せた。

一橋大学卒業後、松下電器産業（現パナソニック）に入社し、国際部門に勤務。生前の松下幸之助と言葉を交わす機会に恵まれた。ドラッカーの著作をよく読むようになったのはこの頃だ。郷里・埼玉が生んだ実業家、渋沢栄一をドラッカーが高く評価していることにも感銘を受けた。『マネジメント』には、こう記されている。

「プロフェッショナルとしてのマネジメントの必要性を世界で最初に理解したのが渋沢だった」（[上巻] p22）。

やがてドラッカーと松下、渋沢の思想に共通点を見いだした。

『人を生かす』ことを基盤に、現場に極力、意思決定を委ねようとした。自分もそんな経営がしたい」

対症療法では解決しない

76年、28歳で三州製菓に入社。売上高6億円ほど、パートを含めて従業員40人前後の小さな会社だったが、理想に燃えていた。

しかし、現実は厳しかった。

「当時の三州製菓は、赤字と黒字を行ったり来たり。まず安定して利益を出せる経営基盤をつくらないことには何も始まらない」

そのために何をすべきか。営業社員のやる気を上げようと、報奨金を出して競争させたりもしたが、効果はほとんどなかった。

自分自身も営業に回って2、3年ほどたつと、はたと気づいた。営業社員の力量やモチベーション以前に、構造的な問題があった。

当時の営業先はほとんどが菓子問屋。そこを介してスーパーマーケットなどの量販店やコンビニエンスストアに並ぶ商品が売り上げの約8割を占めた。

しかし、このルートで販売される米菓市場は、大手数社が高シェアを握っている。生産ロットの大きい大手は、原材料の仕入れで優位に立つだけではない。人気商品が多いので、営業社員一人が1日問屋を回って受注できる金額が、三州製菓よりずっと大きい。

つまり、自社の社員は効率の悪い営業を強いられている。だから、長時間労働で疲労困ぱいしているのに儲からない。報奨金で解決できるような問題ではなかった。

当時を振り返って痛感するドラッカーの言葉がある。

「構造的な問題を前にして対症療法を試してはならない」（『P・F・ドラッカー 理想企業を求めて』／エリザベス・イーダスハイム著、p189）。

では、どうするか。ドラッカーは「成果をあげるための秘訣を一つだけ挙げるならば、それは集中である」（『経営者の条件』p138）と説く。

現状では、売り上げの大半が量販店向けに集中している。しかし、ここでは儲けが出ない。この市場は思い切って捨てよう。

代わりに、どの市場に集中すべきか。売り上げの残り1、2割に目を向けると、二つの事業があった。和菓子専門店向けの米菓と、洋菓子の製造・販売だ。

社員の反発、父の主張

洋菓子に自社の強みはない。斉之平社長が可能性を感じたのは、和菓子専門店向けの米菓だ。具体的には、和菓子専門店にせんべいやあられをOEM（相手先ブランドによる生産）提供したり、卸したりする。

多品種少量生産が求められるので、大手は参入しない。このニッチな市場ならシェアトップも狙えるし、利益率も上げられる。

こうして戦略が定まった。

しかし、いざ実行に移すとなると、社員は反発した。菓子問屋を経由した量販店向けの市場から撤退し、専門店に直接、売り込む。その戦略は営業社員にとって、これまで親しくしていた問屋を中抜きすることを意味した。製造部門にしてみれば、多品種少量生産は面倒だ。社員の離職が相次いだ。

しかも、事業転換は一気にできない。販売先を切り替える間、一時的な売り上げ低下は不可避で、慎重に進める必要があった。

幸い、当時社長だった父は息子の戦略に同意した。しかし、営業先の選定など戦術レベルで意見が分かれる場面は多くあった。

そんなときは父の主張に従った。「どちらが正しいかは、やってみなければ分からない。父の言う通りにやってダメなら、私の戦術に切り替える。どちらを先に試すかだけの問題」と割り切った。

こうして10年ほどかけて販売先を切り替え、事業転換を完遂すると、売り上げも利益も伸びた。

ニッチ市場を探し続ける

しかし、斉之平社長はこれだけで満足しなかった。ほかにも事業の柱がいくつか欲しいと考えた。ニッチでもトップに立てる事業を複数持てば、経営は安定する。そこで取り組んだのが、自社で、米菓専門店を展開すること。大手がいないのが魅力だった。

まず、以前から1店舗あった直営店の強化を図ったが、すぐにFC（フランチャイズチェーン）展開に切り替えた。「長年、製造に専念してきたわれわれは、接客に強みがない」と、判断した。それから36年たった現在、FC店15店のほか、直営店を5店展開。子会社で運営し、5億7000万円を売り上げている（2017年6月期）。

次に着目したのが、テーマパーク。園内では土産物としてよく洋菓子が売られていたが、和菓子はほとんどなかった。そこで「オリジナルのせんべいをOEM生産します」と売り込み、大手から受注を獲得。新たな収益源を得た。

「規模こそ違うが、米ゼネラル・エレクトリック（GE）のジャック・ウェルチ元会長と同じ。ドラッカー教授の助言を受けて、自社が1位か2位になれる市場を求め続けた」と、斉之平社長は説明する。

三州製菓に入社して12年後の1988年、斉之平社長は40歳で父の後を継ぎ、トップの座に就いた。3本柱の事業展開で、2017年6月期の売上高は25億3000万円。社長就任以来、赤字はない。

だが、斉之平社長が一番に追い求めたのは、業績ではない。若き日に思い描いた「人を生かす経営」という理想の実現。その思いは人事の決断や社内制度として具体化され、ドラッカーに学んだ事業戦略と両輪となって、三州製菓を成長させていった。

■ニッチな市場でトップを狙う —— 三州製菓の事業構造の変化

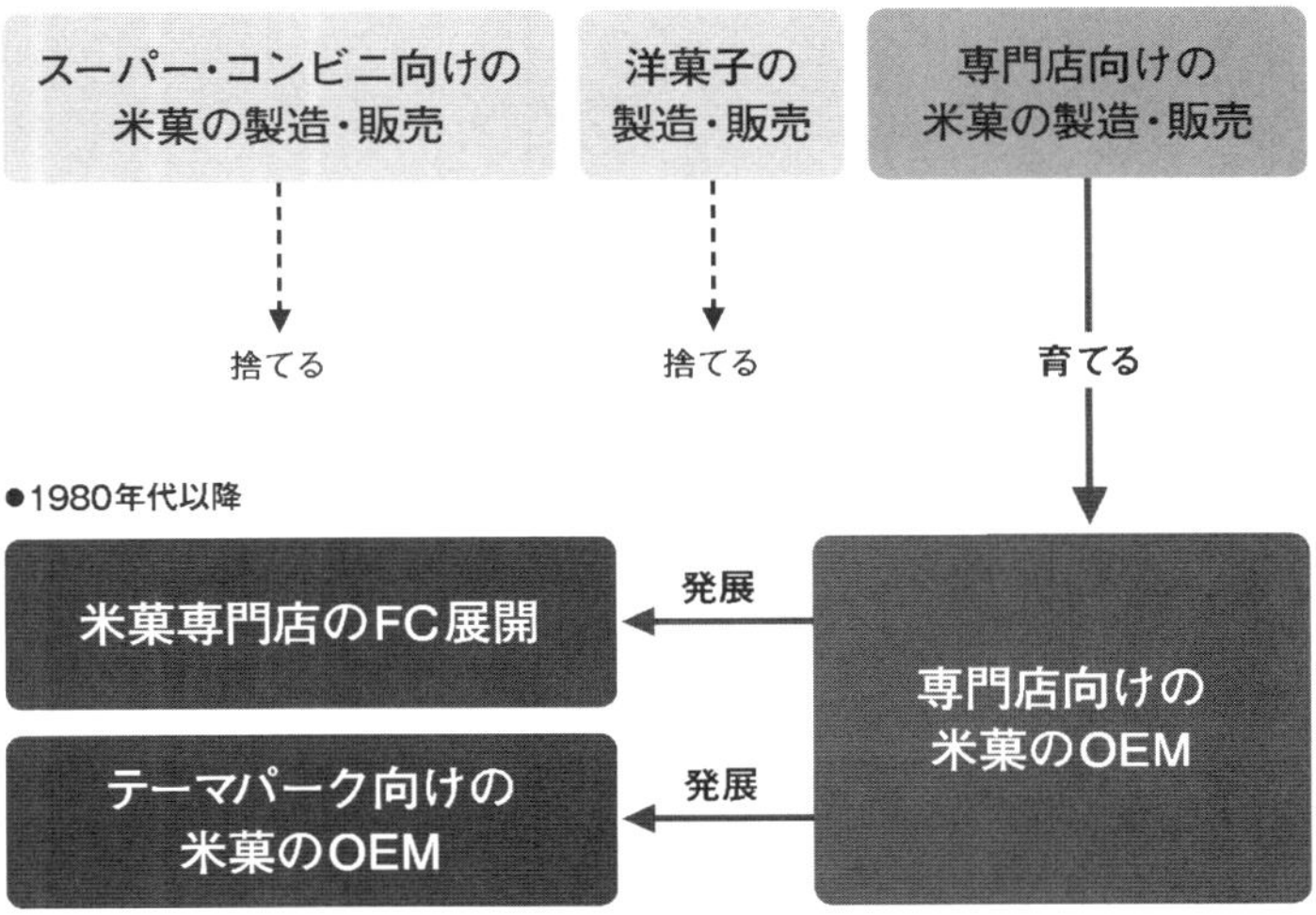

複数のニッチ市場でトップを狙う戦略に舵を切り、既存事業を二つ捨てた。一つは、大手メーカーと競合する量販店向けの米菓の製造・販売。もう一つは、強みがなかった洋菓子部門

斉之平社長。中小企業の2代目として、青年期から経営学に深い関心を寄せた

直営店やFC店で販売している人気商品「揚大丸(あげだいまる)」。1枚65円

解説

三州製菓は、「ニッチな市場でトップを狙う」という戦略に従って、事業を3つに分類し、「育てる事業」と「捨てる事業」を決定しました。経営陣が構造的な決断を行わずに現場に判断を委ねるのでは、対症療法ばかりの報われない消耗戦になるからです。

そのためには、この「事業区分」が事業活動への主体性を取り戻すスタートとなるのです。一般に「当社は単一事業体です」という場合、有効な事業区分が見つかっていないだけです。事業の取捨選択を検討できるサイズに区分をしなければ、陳腐化した事業も成長期の事業も同様に扱うという、思考停止の事業運営をすることになります。

この事業分類に際しての切り口は、①商品カテゴリーのほか、②販路や、③顧客属性などさまざまです。なお、多くの企業では、会計上の区分に思考がとらわれがちです。いつもと違う区分から、効果的な戦略が生まれるかもしれません。

実際に、「『販路別（店舗別、担当者別）』に集計しているときの売り上げ増進策が、『顧客属性別（新規・再来店）』で分析してみると、失客増加につながっていることが分かった」「集計したことのない『無償提供の付帯サービス』を一つの商品群とみなして集計すると、価格設定するだけで、新たな成長収益部門が成立した」などの事例があります。

まずは事業を新たな区分に分け、現在の業績と未来の予想を分析しましょう。

自社の事業を
複数の切り口（製品・サービス、市場・顧客、流通チャネルなど）
で3～8つ程度に区分してください。

memo

質問

その区分それぞれの現時点での粗利益（売上総利益）の構成比は、どのようになっていますか？

memo

その区分それぞれの
5年後の粗利益（売上総利益）の構成比は、
どのようになると思いますか？

memo

物語 6

絶え間ない新商品開発体制でも
ヒット商品が出ない。
販売思考の風土を改めるには?

原理原則

事業は、
常に顧客が求める
価値から考える

「実のところ、
販売とマーケティングは逆である。
同じ意味でないことはもちろん、
補い合う部分さえない。」

『マネジメント[上]』p78

販売とマーケティングはそもそもスタートラインが異なる。販売は企業目線でスタートする。これに対してマーケティングは、顧客目線に立つことから始まる。

ドラッカー教授はこう説く。

「真のマーケティングは、…（中略）…顧客からスタートする。『われわれは何を売りたいか』ではなく、『顧客は何を買いたいか』を考える。『われわれの製品やサービスにできることはこれである』ではなく、『顧客が見つけようとし、価値ありとし、必要としている満足はこれである』という」（『マネジメント［上］』p78）

例えば、商品開発会議で飛び交う意見の主語は何か。「我が社の商品」なのか「顧客」なのか。その違いが思考と行動を大きく変える。

三州製菓は、マーケティング思考を定着させるため、組織体制を変えた。販売部門を縮小し、企画開発部門を拡大した。

販売部門が強すぎる組織では、マーケティングの重要性を訴えても変化が起きにくい。そもそもの立ち位置が真逆だからだ。マーケティングには、現場で顧客の声を拾う活動も欠かせない。会議室で顧客について推測で議論してはならない。現場で主体的に考え行動する社員を育てたことが、三州製菓の改革を後押しした。

営業社員を減らしてヒット誕生

業態転換が見事に成功。しかし、喜んではいられなかった。

米菓メーカー、三州製菓の斉之平伸一社長は、２代目経営者。１９７６年、28歳で父が創業した会社に入社した後、その事業構造を大きく変えた。

もともとはスーパーなどに置く量販品を主力としていたが、大手との競合が激しく、儲からない。そこで約10年をかけて少しずつ、この市場から撤退した。

代わりに、和菓子専門店向けのＯＥＭ（相手先ブランドでの生産）提供を強化。米菓店「三州総本舗」のＦＣ（フランチャイズチェーン）展開にも乗り出した。この戦略が成功して売り上げが伸び、安定的に利益を出せるようになってきた。

88年、社長に就任。この頃から、新しい課題に直面した。

斉之平社長の事業戦略の肝は、少量多品種生産。ＯＥＭの受注先が増えるたび、それぞれに合わせた新商品を作らなくてはならない。店で商品を買う消費者を飽きさせてもいけないので、絶え間ない新商品開発が求められた。

そこで「会社全体の売り上げに占める新商品の割合を30％以上にする」ことを、KPI（重要業績評価指標）に掲げた。さらに「売り上げに占める割合が2％以下の商品は製造を中止する」というルールを設定した。半期に1度、全商品の売り上げをチェックして、このルールを徹底。商品の新陳代謝を促すようにした。

しかし、それだけではヒット商品は生まれない。ドラッカーの言葉が脳裏に響いた。

「マーケティングの理想は販売を不要にすることである。マーケティングが目指すものは、顧客を理解し、顧客に製品とサービスを合わせ、自ら売れるようにすることである」（『マネジメント［上］』p78）。

かつての三州製菓を振り返れば、まさに販売中心の会社だった。ありふれた商品を作っては問屋に頭を下げて、押し込むように売っていた。

しかし、それはマーケティングの理想に反する。

「プロダクトアウトではなくマーケットイン。お客様の声に耳を傾け、お客様の視点に立つことで、自然に売れていくような商品を作るのが、真のマーケティングなのだ」と、斉之平社長は思い至った。

営業社員を減らした狙い

ドラッカーの言葉に触発された斉之平社長は、社長就任からしばらくして大幅な配置転換を断行した。

営業社員の数を減らし、その代わりに新商品の企画開発をする人員を増やした。それと同時に商品企画室のリーダーを男性から女性に変え、メンバーも女性ばかりにした。

理由は二つあった。

まず、三州製菓が製造する米菓を、最終的に店頭で購入する顧客のほとんどが女性だから。顧客の視点に立った商品開発をするには女性の視点が不可欠だと考えた。

もう一つの理由は、自社の女性社員に可能性を感じたから。当時、三州製菓で働く女性には、育児が落ち着いた40歳前後にパートとして入社する人が多かった。大半は出産前に企業などでの勤務経験があり、社会人としての基礎はできている。そんな女性たちを主力に、商品開発の体制を再構築した。

顧客の声を聞く仕組みも整えた。OEM先やFC店向けに年2回、アンケート調査を実施。通信販売の顧客については、直近1年の購入履歴がない人に絞った調査を行い、その意見を重視している。「厳しいコメントが多いが、市場の変化を先取りする兆候がしばしば表れる」（斉之平社長）という。

5年粘った渾身のヒット

このような開発体制から2001年、大きなヒット商品が生まれた。「揚げパスタ」だ。女性社員がイタリア料理にヒントを得て、揚げせんべいのようにパスタ生地を揚げて作るスナック菓子を発案した。

類似商品は見当たらず、三州製菓にとっては和風のせんべいから離れ、新分野を開拓することにつながる。斉之平社長は「イノベーションを起こすチャンス」と意気込み、専用の製造機械を自社で設計し、組み立てた。

発売当初はあまり売れなかった。しかし、すぐに製造中止にはしなかった。「未知の分野への挑戦であり、せんべいの味や形を変えるのとは次元が違う」と考えた。

顧客の声を聞きながら、改良を重ねた。例えば、「一度に食べきりたい」といった声を受けて、1袋の分量を減らした。一方、味のバラエティーは増やし、少しずついろいろな味が楽しめるようにした。さっぱりと軽い食感にするため、機械の改良も繰り返した。

こうして粘り強く続けた努力がようやく花開いたのは、発売から約5年後。今では、揚げパスタはOEMを主力とする三州製菓の売り上げの10%以上を占める。子会社で展開する直営店やFC店でも、看板商品になっている。

実は2013年、衝撃を受ける出来事があった。

社長の味覚は鈍かった

ある女性社員が中心となり、全社員を対象に味覚の鋭さを試すテストを実施した。テストの内容は、「甘い」「しょっぱい」「酸っぱい」「苦い」「うまい」といった味の成分をわずかに溶かしたいくつかの水溶液を用意し、それぞれを口に含んで、味の違いが分かったかどうかを確認するというものだった。

すべての水溶液の味を正しく判別できたのは、女性社員ばかり。男性の成績はそろって振るわない。斉之平社長も例外でなく、正解できた味は一つだけだった。「喫煙や飲酒の習慣が影響している」と説明を受けた。

自分の味覚が鈍いと分かってショックを受けた。なぜなら、開発中の商品を試食し、発売のゴーサインを出すのが長年、斉之平社長の重要な仕事の一つだった。

しかし、この味覚テストをきっかけに、思い切って社員に権限を委譲することにした。「味覚評価委員会」を新設。そのメンバーに、味覚テストで好成績だった女性社員を任命し、開発中の商品の味の良しあしを判断する役割を委ねた。

現在、社員が246人いる中で管理職の女性比率は25％、役員では50％を占める。2016年、「男女共同参画社会づくり功労者」として、カルビーの松本晃会長（当時）などと並んで内閣総理大臣表彰を受けた。

「商品の魅力も、顧客の気持ちも、現場の社員が一番よく分かっている。三州製菓の場合、その現場の主力は女性社員。彼女たちの主体的な活躍をサポートするのが、経営者の役割だと思う」

斉之平社長は、若き日からドラッカーに学び、「現場に意思決定を委ねる経営」を目指してきた。数十年の時を経て、一歩ずつ着実に理想へ近づいている。

米菓が主力の菓子店「三州総本舗」を子会社で展開

ヒット商品「揚げパスタ」。2001年の発売当初はあまり売れなかった

商品の企画会議の様子。メンバーは、女性ばかり

解説

すべての人が満足する商品などあり得ません。どんな方に利用してもらいたいかを特定しなければ、何を価値に感じるか、どんな現実に直面しているかも分からず、喜んでいただくための工夫も開発もできません。

三州製菓でも、「最終的に店頭で購入するのは女性」と特定し、その利用方法や選択基準など顧客の立場で考える、女性ばかりの開発チームを結成しました。さらに、顧客の声を聞く仕組みをつくり、商品開発と改良を粘り強く続ける過程で、現場主導の商品開発体制が実現しました。

できるだけ多くの人に買ってもらおうとすると、顧客の顔は見えなくなります。顧客を特定して初めて商品の価値を知ることができます。商品の提供後、顧客の行動や生活がどう変わったかを知ることで、提供物の真の価値を知ることはできるのです。

とあるリゾートホテルでの法人営業の担当者は「いつも外回りばかりしているので、滞在中のお客様の様子は実はよく知らないのです」と話しました。このホテルで、お客様の行動特性や価値判断の基準を最もよく知るのは、売店の雑談上手なパート店員でした。

このスタッフに教えを請うたこのホテルでは、より的確な営業プレゼン資料と、人気あるオプショナルツアーが開発されました。

あなたの会社の商品を
支持してくれる最終的なお客様は、
どんな方ですか？

memo

そのお客様の行動特性や価値判断の基準について、社内で最もよく知る人は誰ですか？

memo

より選ばれる商品やサービスをつくるには、誰に何を尋ねるのがよいと思いますか？

memo

物語 7

「一人一研究制度」で業務改善に成功するも、
やらされ感が漂い始める。
さらに飛躍するには？

原理原則

モチベーションは、自己決定と自己評価（有能感）によってもたらされる

「組織は、
優秀な人たちがいるから
成果をあげるのではない。
組織の水準や習慣や気風によって
自己開発を動機づけるから、
優秀な人たちをもつことになる。」

『経営者の条件』p223

要点 >>>>

社員のモチベーションを上げるのは本来、社員自身にしかできない。すなわち「内発的な動機づけ」が基本となる。金銭的報酬を与え、褒めるなどする「外発的な動機づけ」には限界がある。

外発的動機づけが不要ということではない。例えば、給与が世間水準より著しく低ければ不満が生まれる。ここで給与を引き上げることには、マイナスの状態をゼロに戻す効果がある。

しかし、心の状態をゼロからプラスにする真の動機づけは内発的な要因から生まれる。それがドラッカー教授の言う成長のための「自己開発」だ。個人の自己開発を組織が後押しするため、何ができるのか。ポイントは「自己決定」と「有能感」だ。

社員に自ら考え、行動させる。そこから自らを成長させたいという意欲が芽生え、自身の成長度合いを測る、自分なりの物差しができる。自己決定し、自己評価できることが有能感の源泉だ。

三州製菓は「自由な研究」を仕組みにすることで、社員の自己開発を動機づけた。自由な研究とは、目的意識を持って何かに体系的に取り組むこと。一種の思考訓練だ。結果として社員個人が成長し、さらには組織に良き習慣、良き気風が醸成された。

金銭的な報酬に潜む弊害とは

長い試行錯誤を経て、理想の経営を追える体制が整ってきた。

2代目の斉之平伸一社長が入社した1976年、米菓メーカーの三州製菓はじり貧だった。そこで大手との消耗戦を避けるため、10年がかりで業態を転換。和菓子店向けのOEM（相手先ブランドでの生産）供給に活路を見いだし、収益力を高めた。そんな斉之平社長の戦略の背後には常にドラッカーの言葉があった。

「一人一研究」で業務改善

特に共鳴したのが、現場に意思決定を委ねるマネジメントだった。

「働く人はマネジメント的な視点をもつときにのみ、…中略…最高の仕事を目指して自らの責任を果たすことができる。そのような視点は、参画を通じてのみ獲得できる」（『現代の経営［下］』p167）。

つまり、社員一人ひとりが経営に参画し、主体性とやりがいを持つことが組織の成果につながる。

そんな認識から、95年に立ち上げたのが「一人一研究制度」だ。夏休みの自由研究のように、全社員が毎年、自分で好きなテーマを1つ定めて研究する。グループで取り組んでもいい。

研究結果は部署ごとに発表会を開いて披露し、評価が高かった研究は全社発表会でプレゼンし、表彰する。金賞を受賞した研究と発表者の名前は、パネルに刻んで社員食堂に飾り、たたえる。

この一人一研究からはさまざまな業務改善案が生まれた。

例えば、99年に金賞を受賞した「せんべいの反転装置」。せんべいの製造ラインでは、最後に割れや欠けがないか、目視で両面をチェックする。その際、ベルトコンベアー上を流れるせんべいを手作業で引っくり返していた。これを自動化する仕組みを、パート社員がチームを組んで考えた。

具体的には、ベルトコンベアーの途中で、せんべいを少し落下させる。その途中に、せんべいが空中で軽く引っかかるような棒を置き、着地する前に反転させた。最初は、パート社員が自宅から持ち込んだラップの芯を使って作った簡易な装置だった。それがほぼ100％の確率できれいにせんべいをひっくり返し、社内のエンジニアも舌を巻いた。その後改良を重ね、棒の代わりにプラスチックの板を使う形に姿を変えて活躍している。

しかし、程なくして斉之平社長は「うちはまだまだ」と、痛感させられる会社と出合った。

2001年、米国の部品加工メーカー、トライデント・プレシジョン・マニュファクチャリングを視察した。

社員数百人の中小企業ながら、米国政府が経営品質の優れた企業を表彰する「マルコム・ボルドリッジ賞」を受賞していると知り、興味を持った。

現場を見て、社員のモチベーションの高さに驚いた。その背後にある仕組みや考え方には、学ぶべきところが数多くあった。

例えば、社員教育に人件費総額の5％を投資する。ミスに対して減点主義はとらず、仕組みで再発を防ぐ方法を考える。社員の投票で月間優秀社員賞を決める……。

社員食堂を賞賛の場に

自社との共通点も発見した。マルコム・ボルドリッジ賞のトロフィーが置かれているのは社員の休憩室。三州製菓が一人一研究の金賞受賞者の名前を食堂に掲げるのと同様、社員の功績を皆の目に触れる形でたたえていた。

この視察で、心理学者のエドワード・デシ教授が行った、いわゆる「デシの実験」について知った。

実験では、大学生を2グループに分け、難しいパズルの課題をいくつか与えた。1日目は両グループとも同じようにパズルを解き、2日目は片方のグループに限って、パズルが解けると1ドルの報酬を与えた。3日目は1日目と同様、どちらにも報酬を与えなかった。

すると2日目に報酬を得たグループは、その間だけモチベーションが著しく高まったが、報酬がなくなった3日目はガクンと落ちた。一方、報酬ゼロの学生は一定のモチベーションを維持した。

つまり、金銭的な報酬はモチベーションにマイナスの影響を与えかねない。報酬という

「外発的動機づけ」が、「自分が面白いと思うからやる」という「内発的動機づけ」を弱める恐れがある——。

斉之平社長はハッとした。

自分もこれまで社員の主体性を大事にしてきた。しかし、デシの実験が示すように、外発的動機づけが内発的なモチベーションを阻害するという認識は乏しかった。

ドラッカーはこう記す。

「知識労働者の動機づけは、ボランティアの動機づけと同じである。周知のように、ボランティアは、まさに報酬を手にしないがゆえに、仕事そのものから満足を得なければならない」（『明日を支配するもの』ｐ23）。

視察から戻った斉之平社長は、一人一研究のあり方を見直した。

テーマ設定はもともと自由だったが、現実には「せんべい反転機」を筆頭に、業務改善を目的としたものが目立った。

社員には「会社のための研究」という意識が強く、「自分が面白いから研究する」という姿勢は弱いことがうかがえた。

創造力の回路を開く

そこで「研究テーマには、自分が心から興味が持てるものを選んでほしい。仕事に関係なくていい」と強調した。社長自ら、「熟成玄米のおいしい炊き方」を一人一研究で発表するなど、率先垂範で「自由な研究」を推奨した。

すると、製造中に割れてしまったせんべいを料理に使う方法など、私生活を楽しむような研究が少しずつ出てきた。07年にはダイエットに成功した社員がその間の試行錯誤をプレゼンし、金賞を得た。

この変化を斉之平社長は歓迎した。実際、研究の自由度が高まると同時に、チョコを染みこませたおかきなど、独創的なヒット商品が続々と出てきた。

「仕事に無関係な研究を会社が奨励していると分かれば、社員の中の〝やらされ感〟が減り、結果、創造力を働かせる脳の回路が開く。創造は一種の習慣だから、プライベートでも一度、回路が開けば、仕事でも必ず機能する。それが、わが社が研究開発型のメーカーとして発展する基盤になった」

斉之平社長はそう断言する。

■「一人一研究制度」で業務改善進む

三州製菓の「一人一研究制度」では、パート社員も含めた全社員が毎年1つ、自分で選んだテーマを研究。「全社発表会」（左ページ写真）で、金賞、銀賞、銅賞を選定する。選考を担うのは社員で、社長は口を出さない。金賞受賞者は、社員食堂に飾られたプレートに名前と研究テーマが刻まれ（下写真）、全社員の目に触れる形でたたえられる

パートも含めて全社員が参加する「一人一研究」の発表会

1999年に金賞を受賞した「せんべいの反転装置」は改良を加えられ、今も活躍中

解説

学生の頃を振り返って想像してみてください。もし期末試験で答案が返却されずに、「おまえはよくやった」「おまえはもっと頑張れ」という先生の評価だけが口頭で示されるとします。何が間違ったかも、何が優れているかも分からないので、褒められても自信はつかず、叱られても対策が取れず、結局、「先生の顔色をうかがう」という行動をとるに違いありません。こんな状態でモチベーションが高まるはずはありません。

モチベーションは、上司が部下をコントロールして高めるものではありません。本人が上げるものです。ドラッカー教授は、心理的な手法で他人を誘導する技術に警鐘を鳴らしていました。誰かが支配者にならなければ機能しない専制的な組織は、いずれ人を傷つけ、害します。自分の仕事と成長は、自分で評価できる仕組みが必要なのです。

また、自らの考えで改善や工夫をする余地のない定型ルーチンの繰り返しでは、優秀な人材ほど、仕事に飽きて燃え尽き、退職します。一人ひとりの成長は、組織の目的の一つであるだけでなく、そこに働く人の働きがいや貢献意欲の源でもあります。

ですから、人を飽きさせない工夫や、仕事の生産性を高める工夫ができるような「仕事のマネジメント」も必要です。組織が社員を輝かせる保証などできません。受け身ではなく、社員の一人ひとりが自分を輝かせる。そんな環境を整えることが必要なのです。

社員の一人ひとりが、
自分自身の成長を確認し、
実感するために、
どんな仕組みがつくれますか？

memo

社員の一人ひとりが、
自身の仕事の出来栄えを
客観的に確認するために、
どんな仕組みがつくれますか？

memo

社員が面白がって自発的に試行錯誤を行う文化を創るために何ができますか？

memo

物語 8

市場が縮小する中、
焦って始めた新規事業が失敗続き。
もうこれ以上は負けられない…

原理原則

イノベーションは強みを基盤として行う

「ゼロ成長を当然のこととしてはならない。
ゼロ成長企業の経営にあたっては、
『われわれの強みは何か。
その強みは、人口、市場、流通、技術の変化によって
生ずる機会のどこに適用できるか』を
問わなければならない。
人的資源の能力を維持し、
その生産性を向上させ続ける会社は、
必ずや大きな成長の機会に出合う。」

『実践する経営者』p39

どれほど苦戦している企業でも、過去を振り返れば、今の事業を確立するために必要な知識、能力を苦労して身につけてきたはずだ。それらが蓄積されると、やがて強みと呼ばれる。しかし日々の活動で当たり前に生かされるうちに、強みであることを忘れる。強みは実績の中にしかない。しかも多くの分野で強みを持つことはない。それゆえ「真の強みは何か」を、常に問い続けなければならない。

真の強みを見つけたとき、イノベーションが可能になる。「イノベーションは強みを基盤としなければならない」(『イノベーションと企業家精神』p162)とドラッカー教授は説いた。加えてその強みを生かせる最も適した機会を探せという。

さらに必要なものがある。人的資源の維持、向上だ。アイデア一つで成功することはまれである。社員の献身が生きる持続的な仕事でなければ、イノベーションとして結実することはない。熱気と共に始まったイノベーションも最後は、日々の淡々とした仕事として定着させねばならない。

そのために必要なものは、資源だ。人であり、お金である。イノベーションを始める前には、過去の非生産的な事業や商品やサービスを廃棄しておかなければならない。イノベーションによる資源の移動は、仕事の生産性を向上させる有力な方法である。

縮小市場で奮闘。なぜ報われない

起死回生を懸けた新規事業が次々に頓挫。共生社（兵庫県尼崎市）の槙野雅央社長は空回りしていた。

共生社の主力事業は、クリーニングタグの製造販売。1970年、槙野社長の父が設立した。クリーニングタグは、クリーニング店が顧客から預かった衣類に取り付ける小さな紙片。例えば、シャツのボタンホールにタグを通し、ホチキスで留めて顧客に返す。タグに番号や記号が印刷され、誰からいつ預かったものかが分かる。

新規事業で3連敗

クリーニングタグは、洗濯する前に衣類に付けるので、用紙やインクに耐洗性が求められる。このような特殊な資材の調達ルートを確保するのが難しく、業界の参入障壁となってきた。槙野社長の父親は、独立前の勤務先で培ったネットワークで、この壁を突破。共生社は、競合4社の最後発ながら、唯一の専業メーカーとしてスタートした。

創業から約20年、90年代初頭まで、右肩上がりの成長が続いた。クリーニング市場の拡大に、タグの供給が追いつかず、作れば作るだけ売れた。そんな最中の84年、槙野社長は24歳で入社した。

しかし、クリーニング市場は92年をピークに縮小に転じる。

ここから槙野社長の奮闘が始まった。94年、タグの輸出を営業部長として指揮。国内ではクリーニング店向けのＰＯＳシステムを販売するなどして、顧客1社当たりの売り上げを増やした。

しかし、市場縮小は止まらない。オフィスファッションのカジュアル化や形状記憶シャツの普及など、クリーニング需要を減退させる要因がいくつも浮上。90年代後半から、共生社の売り上げはじりじりと減り始めた。

何か手を打たなければ――。

99年、社長就任。その4年後、賭けに出た。クリーニング店の接客を省人化するシステムを機械メーカーと共同開発した。店内にコンベヤーを設置し、顧客が機械にカードを通すと、クリーニングを終えた衣類が自動的に出てくる。しかし、試験導入したチェーンでは「スペースを取るだけ」と不評で、本格導入には至らなかった。

それでも挑戦を続けた。06年、クリーニング店が、顧客との衣類の受け渡しに使う専用ロッカーを発売。10年には、洗濯する衣類の識別にＩＣチップを使うシステムを開発、発売した。しかし、いずれもコスト高などが嫌気され、ほとんど売れなかった。

これらの新規事業への投資額は、約1億円に上った。しかし、すべて成果を上げることなく終わり、共生社はじり貧に陥った。

一筋の光明が見えたのは、13年。

知人の紹介でドラッカーの勉強会に参加したのがきっかけだ。

ドラッカーが説くタブー

ドラッカーは『実践する経営者』で、「ゼロ成長企業における経営の心得」を説く。特に成長が止まった企業のタブーとして、「軽はずみな多角化」を挙げる。なぜなら「楽な商売はない。ゼロ成長企業の大部分は、今日の平凡な事業に頼らざるを得ない」からだ。

さらに「多角化や企業買収に際して問うべきは、『われわれがその事業に貢献できるものは何か』である。もし答えが『資金だけ』あるいは『何もない』であるならば、そのような多角化の結果は惨憺たるものになる」と付け加える。

槙野社長は、思わず考え込んだ。

自分が手掛けてきた新規事業は、クリーニング業界に対し、自社ならではの貢献ができるものだったか。いずれもアイデアを出しただけで、実際に機械やシステムを作るのは、業者任せだった。

しかも、そんな新規事業を可能にしたのは良好な財務体質。高収益を誇った父の時代の遺産だ。資金くらいでしか貢献できない「悪い多角化」だったのではないか。

今度こそ、タグ専業で蓄積してきた自社の強みで社会に貢献できる、新しい事業を生み出そう。

ふと思い出すことがあった。

父が生前、試行錯誤を繰り返していた課題があった。

それは「ホチキスを使わないクリーニングタグ」の開発だ。

顧客にとって、ホチキスで留めたタグを外すのは厄介な作業だ。ケガをしたり、衣類に傷が付いたりすることもある。

そう考えて父は、さまざまな方法を試していた。あと一歩まで行ったアイデアもあったが、結局いずれも実用化に至らなかった。

この課題はまだ克服されてなく、エコロジーの観点から重要性は増している。今こそ原点回帰。父が果たせなかった夢を実現しよう。

原点回帰で得た大口受注

翌14年の冬、槙野社長は寒空の下、連日、大量の毛布を抱えて、コインランドリーへと走っていた。

ホチキス不要のタグについて社員と話し合ったところ、ある妙案が出た。細長いタグの真ん中に短い切れ目を入れる。そこに、タグの先端を縦方向に折ってから差し込み、開く。すると開いた部分が引っかかって留まる。

うまくいくか、試作品を毛布に付けて何度も洗濯機にかけ、テストした。そして14年、「スマートエコタッグ」として製品化。特許も取得した。

しかし、クリーニング店の現場では不評だった。タグの端を折って穴に通す作業は、ホチキスで留めるより手間がかかるからだ。

槙野社長はここでいったん、このタグの拡販を諦めた。

現場の声に耳を傾けるうち、別のニーズに気づいた。従来のタグについて、「ボタンホールなどに通す際、突っかかりやすい」という不満が多く聞かれた。この問題が生じるのは、タグの端が四角く角張っているから。そこで端に丸くカーブを付けた「角丸タッグ」を開発。衣類に傷が付きにくく、顧客のためにもなる。

クリーニングチェーンに売り込むと、大手2社から受注を獲得した。1社はもともと、タグのほぼ全量を共生社から調達していたが、それらを単価が3～5％ほど高い「角丸」に切り替えた。もう1社は、共生社を含めて2社から購買していたタグを角丸1本に絞った。結果として、少なからぬ売り上げアップにつながった。

しかし、槙野社長はホチキス不要のタグを諦めたわけではなかった。売り上げのためだけではない。「今までの常識が覆り、クリーニング店でホチキスを使わないのが当たり前になる」――。そんな世の中を想像すると、思わずワクワクしたからだ。

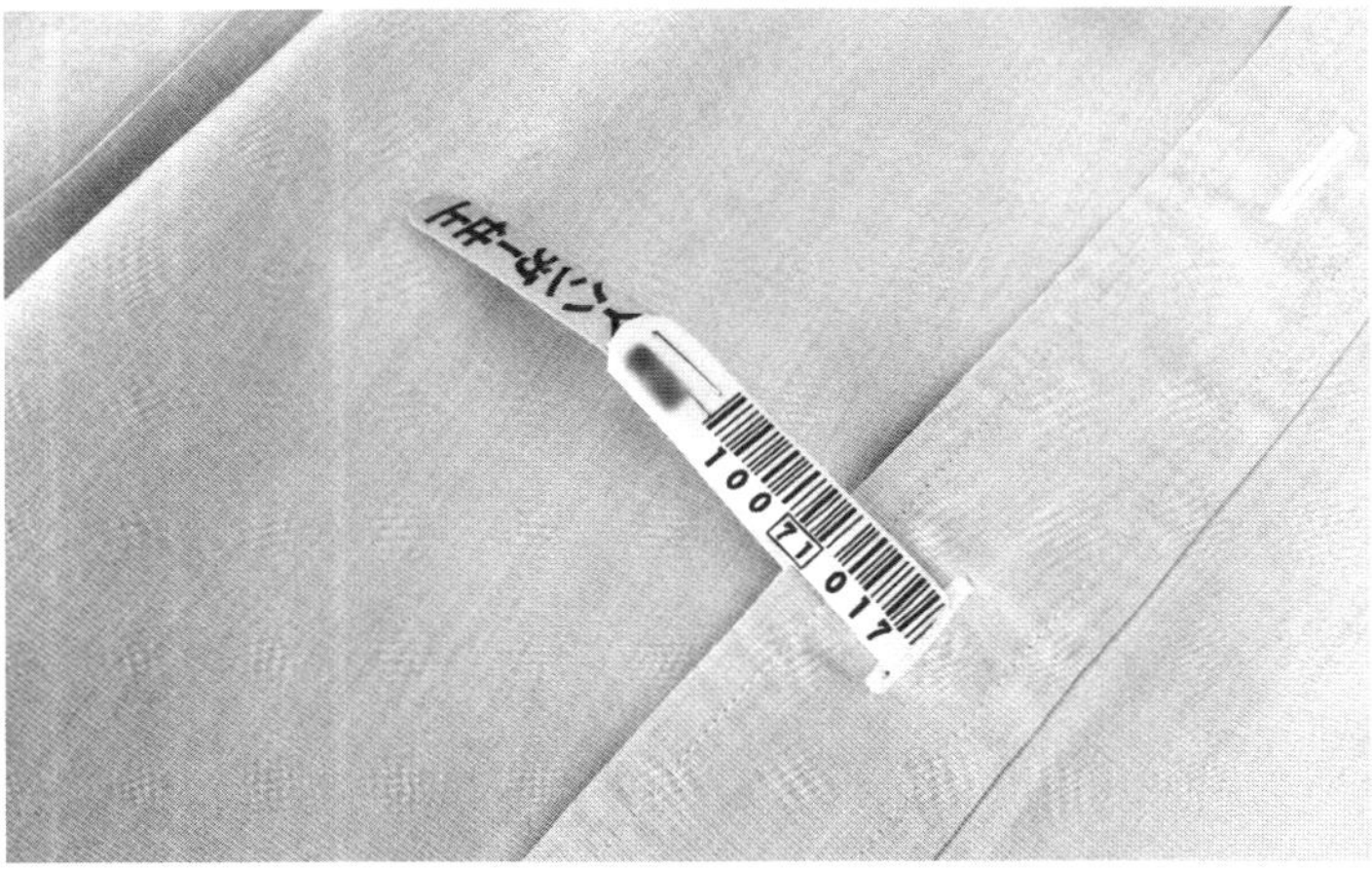

共生社の主力商品はクリーニングタグ。洗濯する前に衣類に取りつけ、持ち主などを識別するのに使う

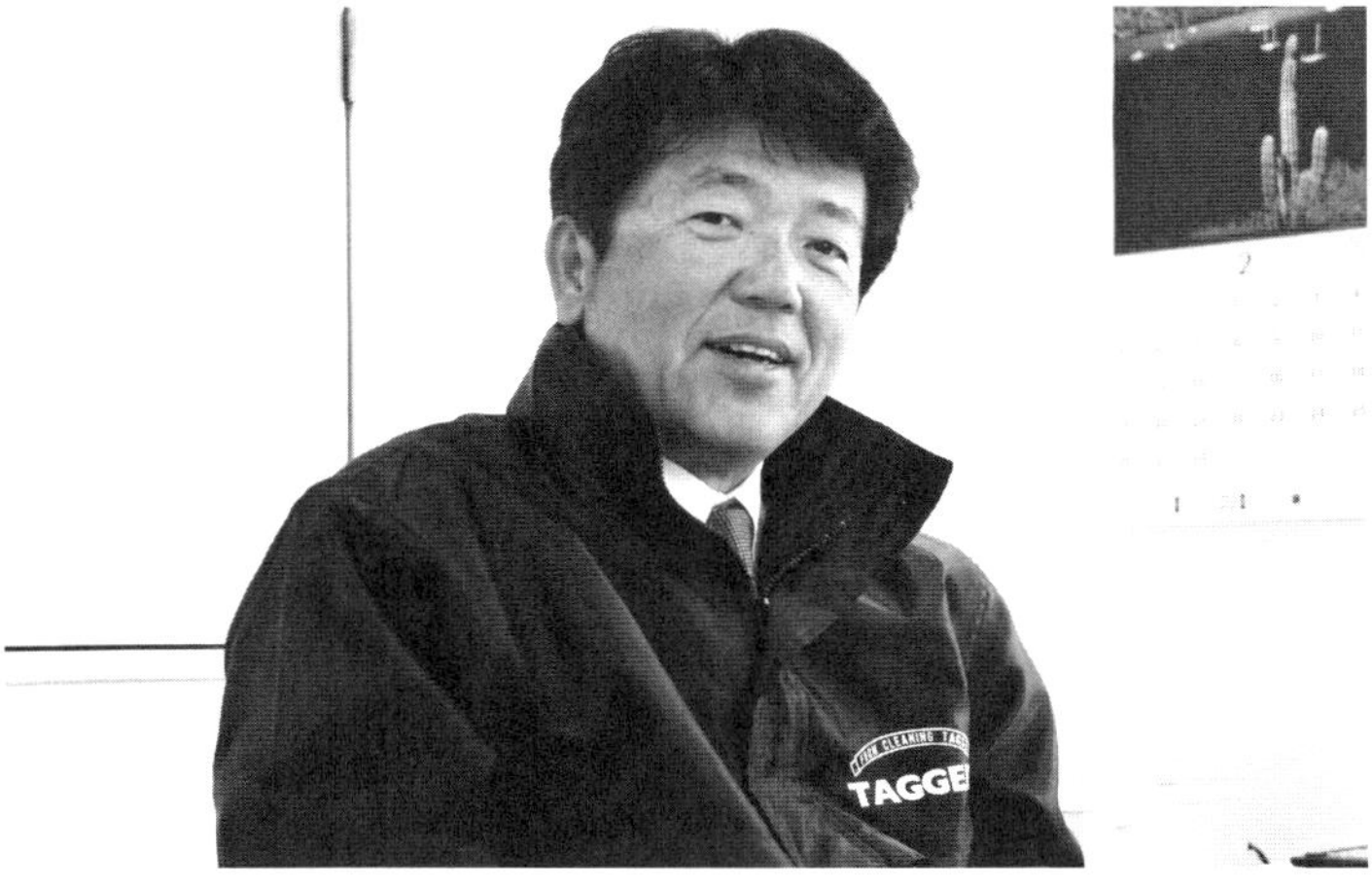

共生社の槙野社長。縮小する一途のクリーニング業界で悪戦苦闘してきた

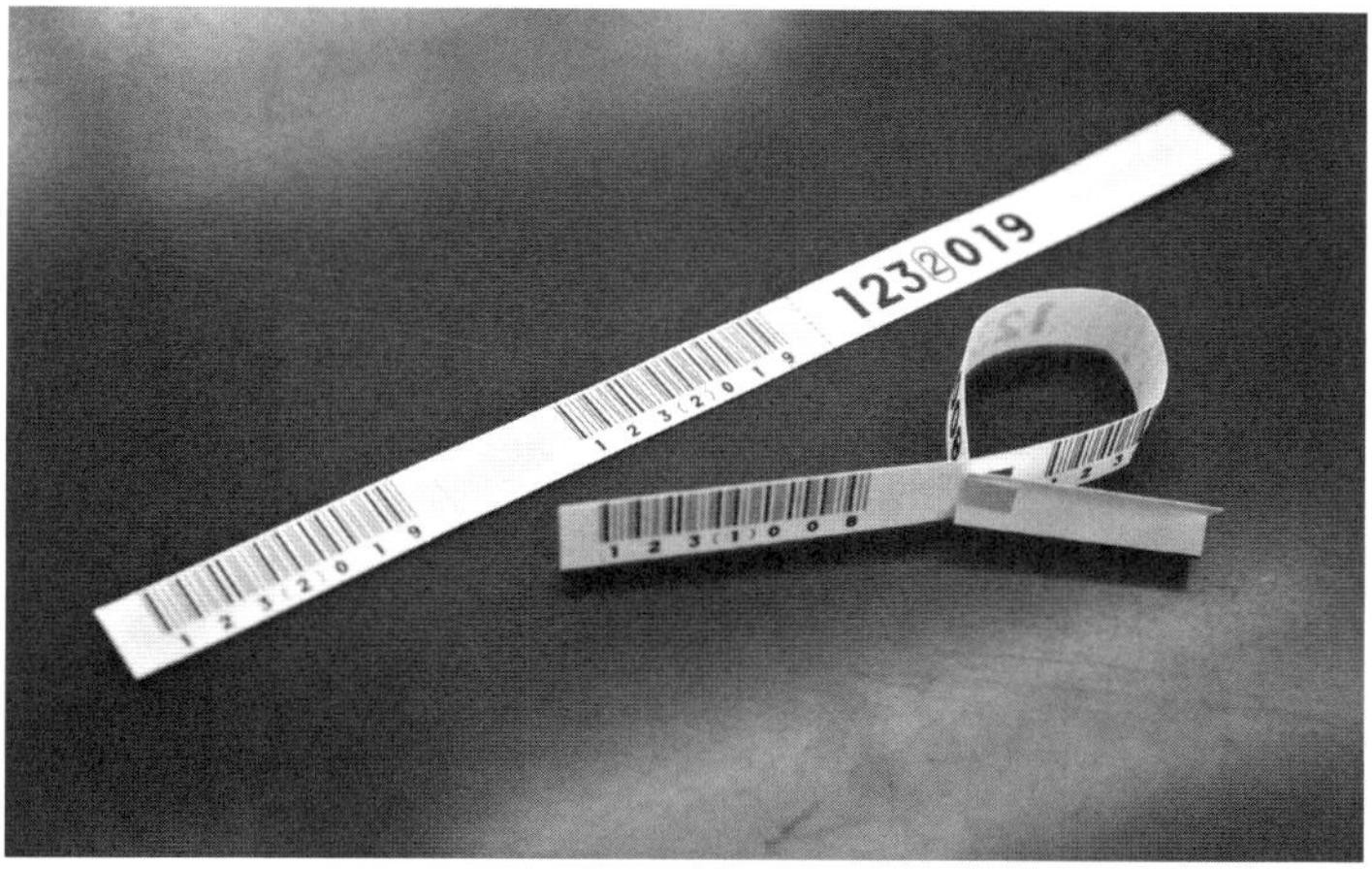

社員のアイデアから生まれた、ホチキスを使わないクリーニングタグ。紙の中ほどの切れ目に、折り曲げた先端部分を差し込んで開くと、輪になって留まる。特許取得済み

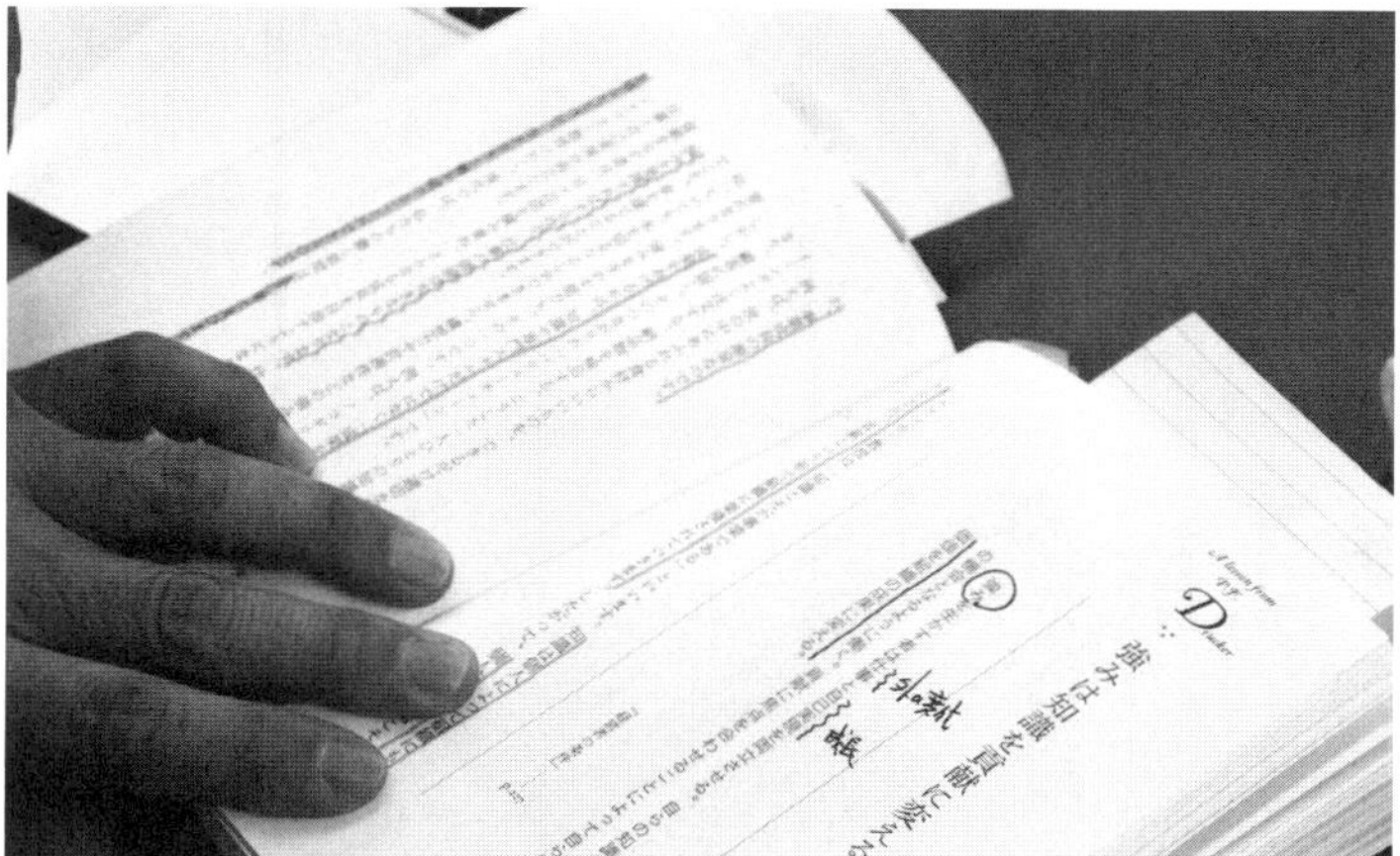

槙野社長が繰り返し読んだドラッカーの解説書

解説

現在の日本には、市場が縮小する中で新事業進出に苦戦している企業があります。そんな中、業界自体を変えるイノベーションに取り組む挑戦的な企業もあるはずです。

イノベーションも事業として行うものです。物語4の通り、「有効な事業であるための三つの要素」と整合しない事業は失敗する運命にあります。そして、この三要素の中でも、特に卓越性（組織の強み）は間違って認識されていることが多いのです。自社では浸透し、習慣化し、当たり前に感じてしまって意識していないからです。

どこの会社でも、創業時と現在を比べれば、取扱商品・サービスの内容は驚くほど変わっているはずです。こうした変化は、闇雲に起こしても失敗します。いま生き残っているのは、時代を超えて守るべき原点と、時代を先取りして変化させる部分を、きちんと区別してきたからです。会社のこれまでを振り返り、現場をよく観察し、その声に耳を傾ける。こうして自社の軸足を確認することが、変革への第一歩です。

槙野社長は、これまでの取り組みを振り返り、自社の強みを発見しました。積み重ねてきたのは、タグの形状の改良でした。この強みを生かすことで、当初目指したものとは違った形でしたが、縮小する市場の中での単価アップと新たな受注を獲得したのです。なお、続く物語9では、あるきっかけで協力者を得て念願の事業化が実現します。

あなたの会社が創業したときの商品やサービスを現在と比べたとき、変化させてきたことは何ですか？

memo

逆に
創業時と現在で
共通していることは何ですか？

memo

あなたの会社で「社員の努力の積み重ね」が、最も生きることは何ですか？

memo

物語9

諦め切れない新規事業による業界イノベーション。膠着状態を打破するためには?

原理原則

組織を通して自分の強みを生かし、貢献することで自己実現を成し遂げる

「なすべき貢献は何であるかという問いに
答えを出すには、三つの要素を考える必要がある。
第一は、状況が何を求めているのかである。
第二は、自己の強み、仕事の仕方、価値観からして、
いかにして最大の貢献をなしうるかである。
第三は、世のなかを変えるためには、
いかなる成果を具体的にあげるべきかである。」

『P・F・ドラッカー 経営論』p611

ドラッカー教授の「貢献」という言葉と出合って、人生が変わったという経営者は多い。今回の主人公もその1人だ。この貢献について、3つのポイントをドラッカー教授は指摘する。

まず「状況」だ。現実は厳しく、問題だらけに見えるかもしれない。しかし問題ばかりに目を向けていては、組織は餓死する。社会は常に変化し、それに伴い新しい機会が出現する。そこに目を向けることが、組織の生き残りには欠かせない。

次に「自己の強み、仕事の仕方、価値観」。特に人的資源の乏しい中小企業では、経営者をはじめとした一人ひとりの持ち味を生かすことが重要になる。日ごろから人の強みを活かす組織の文化づくりが求められる。

最後に挙げる「成果」は、利益を出すことではない。世の中に変化をもたらすことだという。利益では組織を方向づけられない。社会をより良い方向に変えている実感がメンバーを動機づける。

これら3つの要素に意識的に取り組んで初めて、組織の一人ひとりが貢献について考えるようになる。貢献こそは、個人と組織を結びつけ、自己実現と組織の成果を同時に達成するための最も重要なコンセプトである。

諦め切れない新規事業の突破口

一度は失敗した新製品。けれど、諦め切れなかった。

共生社の主力製品はクリーニングタグ。クリーニング店が衣類に識別用に付ける紙製のタグだ。2代目の槙野雅央社長が1999年に父の後を継いだ後、市場は縮小の一途をたどった。現状を打破しようとさまざまな新規事業に挑んだが、連戦連敗した。

転機は2013年。ドラッカーの勉強会に参加してはたと気づいた。新規事業は自社が蓄積してきた強みが生きるものでなくては成功しない。ドラッカーが強調するこの原理原則に、自分が手掛けてきた新規事業は反していた。

志は高いが売れない

そこで心機一転、取り組んだのが「ホチキスを使わないクリーニングタグ」の開発だった。

クリーニングタグは通常、ホチキスで留めるが、衣類に傷を付ける恐れがあり、エコロジーの面でも問題がある。そこでタグに切れ目を入れ、端を差し込んで留める方法を考案し、特許を取得。「スマートエコタッグ」と名付けて、14年に発売した。

これこそ自社の強みが生きる新製品だと確信していた。競合他社の中でタグ専業は共生社だけ。タグそのものを改良するアプローチは自社ならではだ。

ところが、クリーニング店のスタッフには「面倒臭い。ホチキスを使ったほうがラク」と不評。導入先を開拓できなかった。

思わず考え込んだ。

ドラッカーによれば「イノベーションはつまるところ経済や社会を変えなければならない。それは、消費者、教師、農家、眼科手術医の行動に変化をもたらさなければならない」(『イノベーションと企業家精神』ｐ１６２)。

つまり真に革新的な商品はユーザーの行動を変えるという。この点、新しいタグはクリーニング店のスタッフの行動を変え、地球環境にも資するはず。これこそまさにイノベーションではないか。

しかし、現実には売れない――。

文具のヒットが突破口に

突破口は思わぬ形で開けた。

ドラッカーの勉強会に通っていた13年夏、大型雑貨店の「ロフト」で、ある商品に目を奪われた。

それは「Deng On（デングオン）」というメモ用紙。キーボードのすき間に立てかけて同僚などに伝言を残せる。

「これはめちゃくちゃ面白い！ 企画した人にぜひ会いたい」

すぐに調べて、東京の企画・開発会社に連絡。代表のプロデューサーと面会の約束を取りつけた。

実はずっと以前から、タグに使う紙で文具を開発したいと考えていた。クリーニングタグは洗濯する前に衣類に付けるので、「耐洗紙」と呼ばれる特殊な用紙を使う。他社では調達が難しいこの紙を、新規事業に活用したかった。

マッチングイベントなどで何人かのデザイナーと話したが、いいアイデアはなかなか出ない。ロフトでユニークな文具に出合ったのは、そんな時期だった。

地元の兵庫から東京まで、企画会社の代表を訪ねていくと「耐洗紙には興味があった。何か一緒にやりましょう」と言う。こうして「TAGGED（タグド）」のブランド名で、一般消費者向けの商品開発に取り組むことが決まった。

第1弾として15年に発売したのが「TAGGED for Garden（タグド・フォー・ガーデン）」。植木などに取り付けるメモ用紙だ。耐水性のある紙の特徴が生きたのはもちろん、メモ用紙を巻き付ける仕組みは、ホチキス不要のクリーニングタグのために考案したもの。テレビや新聞で取り上げられ、大きな反響を呼んだ。

第2弾は「TAGGED MEMO PAD（タグド・メモパッド）」。16年度のグッドデザイン賞を受賞し、話題となった。

タグドが注目され、社員の士気が上がった。

ブランド力を上げようと、フェイスブックでの情報発信が活発になった。それがきっかけで16年春、関東の中堅クリーニングチェーンの社長から問い合わせが入った。何と「スマートエコタッグを導入したい」という。

予期せぬ顧客が現れる

その社長はフェイスブックでタグドに注目し、共生社のスマートエコタッグの存在に気づいた。もともと新しい試みに積極的で「クリーニング店からホチキスをなくしたい」という槙野社長の考えにも共鳴してくれた。

「現場が面倒と嫌がるなら、手間を省く方法を考えましょう」

そんな提案から二人三脚で実験を重ねた。最終的にタグの形状の改良で課題を解決した。偶然の出会いに導かれ、3年越しの夢が一歩、実現に近づいた。

ただ、中堅チェーン1社の導入が決まっただけでは、業績押し上げの効果は小さい。タグドシリーズも、売り上げに限ってみれば、まだ会社全体の1％にも満たない。

しかし、槙野社長はこの2つの挑戦に、かつてないやりがいを感じている。

ドラッカーのこんな言葉を思い起こす。「強みを生かす者は仕事と自己実現を両立させる。自らの知識が組織の機会となるように働く。貢献に焦点を合わせることによって自らの価値を組織の成果に変える」（『経営者の条件』p227）。

「『貢献』という発想は昔の自分にはなく、新鮮だった」と槙野社長は振り返る。

「父が立ち上げた事業はこれまで、自分の生活を物質的に豊かにしてくれた。けれどこれからは、自ら創造した事業で心を豊かにしたい。社会に役立つ充実感があれば発想も広がる」。

父に改めて感謝するのは、財務基盤がしっかりした状態でバトンを渡してくれたこと。だから新規事業での試行錯誤も許された。

クリーニング市場の縮小は今も止まらない。現在の売上高は10億円弱。ピーク時の半分ほどだ。それでも、父から継いだ会社を価値あるものとして発展させるため、槇野社長は挑戦を続ける。

槇野社長が思わず目を奪われたメモ用紙。企画・開発したハイモジモジ（東京都三鷹市）の松岡厚志代表にすぐコンタクトをとった

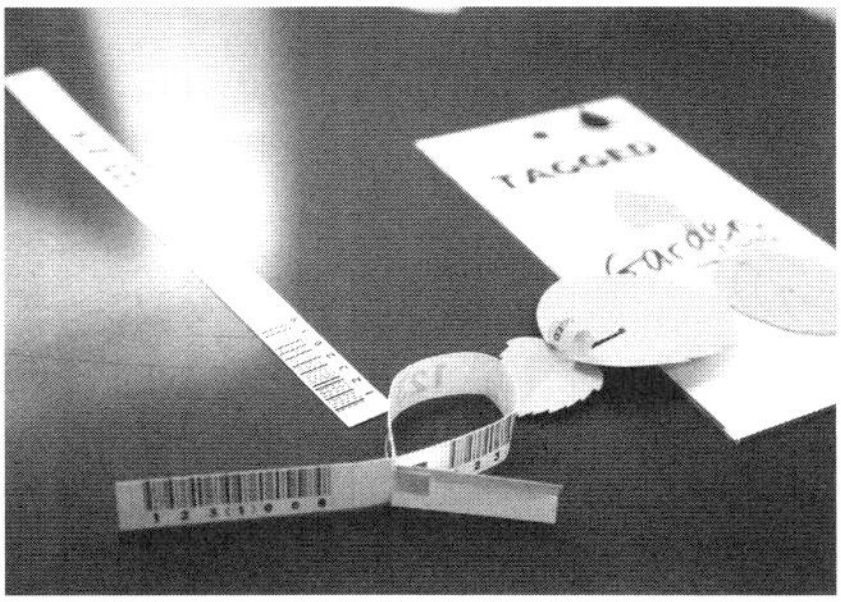

一般消費者向け商品の第１弾「TAGGED for Garden」。耐洗紙の特徴を生かした、植木に取り付けられるメモ用紙（上）。テレビなどで紹介され、大きな反響を呼んだ。基本的な機構は、槇野社長の力作である「ホチキスを使わないクリーニングタグ」（左）と同じ

耐洗紙を使ったメモ帳はグッドデザイン賞を受賞（賞状を持つのが槙野社長）

解説

物語8は、失敗した新規事業について、「有効な事業であるための3つの要素」と「組織の強み」についてのお話でした。今回の物語は、組織の一人ひとりが貢献について考えるための3つのポイントと、「個人の強み」についてのお話です。

組織は、人がつくった道具ですから、人を傷つけるものであってはなりません。そこで働く者の強みを生かし、お客様や社会にとっての良い変化（成果）をもたらすためにつくられた道具です。間違ってはならないのは、組織という道具が自分の強みを生かしてくれるのではないこと。自分自身が貢献を通じて組織を動かすのです。

槙野社長が諦めきれなかった新規事業を軌道に乗せるにはどんな貢献が必要なのか。貢献を考える3つの要素のうち、「成果」は明らかでした。それこそが諦めきれない理由だからです。課題は「状況」。顧客の立場からの協力体制がなかったのです。当面の業務効率よりも、次の時代を見据えて心から共感し、二人三脚で試行錯誤する同志が必要でした。

槙野社長の「個人の強み」は行動力でした。「会いたい」という一心で、異業種とのつながりをつくり、一見本業とは関係のない共同企画を成功させました。（このとき、「組織の強み」である、タグの形状の改良技術が生かされました。）この商品の成功が、願ってもない協力者との縁をつなぎました。動かなかった歯車が大きく動き始めたのです。

組織があなたに求めている
任務や役割が、
期待以上に果たされたとすれば、
どんな成果が上がりますか？

memo

そんな未来をつくるために、
何が不足し、
何が障害になっていますか？

memo

あなたならではの持ち味を生かして
状況を変えるとすれば、
あなたは何ができますか？

memo

物語 10

価格訴求による急拡大で品質低下。失った信用は回復できるのか？

原理原則

経営者やマネジャーに真摯さは欠かせない

「商人とその顧客、
自由業者とその顧客の間に必要とされているものは、
仕事上の真摯さにすぎない。
しかし経営管理者であるということは、
親であり教師であるということに近い。
そのような場合、
仕事上の真摯さだけでは十分ではない。
人間としての真摯さこそ、決定的に重要である。」

『現代の経営［下］』p221

顧客に向ける真摯な態度、それも確かに重要である。ドラッカーは、プロたる者は「知りながら害をなすな」と、著書『マネジメント』で説く。自社の工事に欠陥を見つけた工務店が、顧客が気づかなくてもやり直すといったことは「仕事上の真摯さ」の一例だ。

しかし経営管理者、すなわちマネジャーの持つべき真摯さはこれと異なる。親であり教師であれと、ドラッカーは説く。「その者の下で息子を働かせたいか」と問う。部下の人生に関わる存在であれということだ。真摯さのない者をマネジャーにすれば、部下の成長を阻害し、やがて人と組織を破壊する。

今回の都田建設の物語で鍵を握る創業者は、後者の意味においても真摯だった。その真摯さは、次世代に伝わった。創業者の後を継いだ蓬台《ほうだい》氏も、真摯さをもって社員と顧客に向き合い、優れた組織の文化を醸成した。そこから生まれたポリシーが「自社が建てた住宅にトラブルがあれば必ず、1時間19分以内に駆けつける」。その姿勢が顧客の支持を得て、会社は発展した。

逆にトップマネジメントの真摯さが途切れれば、組織は終わる。ドラッカー教授は、真摯さのない者をマネジャーにつけてはならないと強調するゆえんである。

果敢な営業で信用失墜。挽回なるか

2003年元日、都田建設（静岡県浜松市）に、一本の電話がかかってきた。

「これは、どういうことですか」

戸建て住宅を建設中の現場で、施主が青ざめて立ちすくんでいた。駆けつけた社長と担当の社員2人は愕然《がくぜん》とした。進捗中の工事は、素人目にも分かるほど粗雑だった。

「この家を燃やしてほしい」

施主の一言に打ちのめされた。

「お客様を守る」には？

このとき現場にいた担当者の1人が、今は社長の蓬台浩明氏だ。

国立大学の建築学科を卒業後、大手ハウスメーカーに就職したが、大組織の中で歯車のように働く毎日に、もどかしさが募った。

建設の仕事をするからには泥にまみれたいと考え、現場監督を募集していた都田建設に転職した。1998年、27歳のときだった。

当時、設立3年目の都田建設には、創業者で社長の内山覚《さとる》氏（現在は会長）のほか、パートの女性が1人だけ。受注も少なく、現場監督としての仕事がない。そこで飛び込み営業を始めた。

もともとが大工の創業者は、根っからの職人だった。「家は建てて終わりじゃない。完成した後も20年、30年と、お客様を守り続けたい」――。そう熱く語る姿に共感したが、やがて疑問が芽生えた。

お客様を本当に守り続けるというなら、建てた家に万一、後から瑕疵《かし》が見つかった場合、無償で修理すべきだろう。そうなれば、1棟当たり1000万円近くかかることもあり得る。それに耐えられる余力が、この会社にあるか。

「会社の成長なくしてお客様は守れない」

しかし、創業者にも自分にも経営の知識が欠けている。そこで連日、図書館に通い、「経営」とつく棚にある本を片っ端から読んだ。

特に印象に残ったのが、ドラッカーの著作だった。

分かりにくかったが、なぜかもう一度、読みたくなる。そこで書店で買い求めて繰り返し読むと、その都度、線を引きたくなるところが変わる。時々の課題や問題意識で、浮かび上がるフレーズが変化した。

経営書を読み込んだ蓬台氏は、マーケティング強化を思い立った。

その頃の都田建設の仕事は、ツテに頼った下請けが大半。自社で受注して建てる戸建て住宅は、年間1棟ほどしかなかった。

「広告を打って、施主から直接、受注を取りましょう」

だが、創業者の答えはノー。「一生懸命、仕事をすれば、お客様はついてくる」と言って取り合わない。資金がない現実もあった。

しかし、業績は振るわない。

危機感を覚えた創業者が、新聞広告を出すことを決意したのは約1年後。500万円ほど借り入れ、蓬台氏の訴えに応じた。

攻めの営業で受注20倍

自分を信じてくれた創業者に報いたい。蓬台氏は「1年で20棟の新築物件を受注する」と約束した。

それまで年間1棟がせいぜいだったのだから、無謀ともいえる。

だが、蓬台氏には勝算があった。

大手ハウスメーカーに勤務していた頃、金額が折り合わずに受注に至らないケースを多く見ていた。規模の小さな都田建設では、経費節減の余地が大きく、大手よりも坪単価にして10万～15万円程度安く価格を設定できる。

「大手が取りこぼしているお客様の思いを、全部叶えられる」

そんな思いを胸に、必死に営業した。広告を見て問い合わせてきた顧客を訪問。「玄関の戸を開けてもらったら足を突っ込み、絶対に帰らない」ような、攻めの姿勢。契約件数は、1年目が24件。2年目は30件に達した。

こうして会社が順調に成長を遂げるかに見えた矢先の2003年元旦、冒頭の大事件が起こった。

無理な受注が、綻びを招いたのだ。受注件数の増加に職人の確保が追いつかなかった。やむなく、今まで付き合いのない大工に現場を任せた。そこで忙しさにかまけてチェックが甘くなったことが、ずさんな工事を生み、施主の信頼をぶち壊した……。

蓬台氏は、創業者に懇願した。

「この家を、無償で建て直させてください。かかる費用は、私個人が借金してでも何とかします」

創業者は約1000万円を工面し、解体と建て直しの算段を付けてくれた。施主は「もう一度、蓬台君を信じるよ」と言った。新しい家が完成すると、施主は笑顔を見せ、友人を新規顧客として紹介してくれた。

ドラッカーの本で読んだ、ある言葉が蘇った。

真摯さ（Integrity）――。

ドラッカーは、マネジメントを担う者にとって真摯さとは、知識や才気を超えて重要な資質だとする。その意味が腹に落ちた。この会社に懸けようと自分が思ったのも、創業者の真摯さに惹かれたからだ。

振り返れば、急成長の綻びは社内にも広がっていた。新たに採用した社員に、疲弊感が蔓延していた。蓬台氏が孤軍奮闘で確立した攻めの営業スタイルを、全社一丸で続けるのはムリがあった。

「脱・価格訴求」の具体策

蓬台氏は、営業手法の大転換を決意した。このときも脳裏に、ドラッカーの言葉があった。

顧客の創造——。事業を営む目的はそう定義できると、ドラッカーは『マネジメント』で指摘する。

この言葉を噛みしめ、考えた。

「他社よりいい商品をつくりたい、いいサービスを提供したい。その一心で頑張ってきたけれど、肝心のお客様のことが見えていただろうか。お客様の気持ちを無視して追いかけ回すのはある意味、簡単だが、結局は嫌われ、自分たちも疲弊する。逆に、お客様にただ真剣に向き合うことで、お客様のほうから自然に都田建設に集まってくるような会社にできないか」

これを機に、価格を訴求するセールストークをやめた。そして社員一人ひとりが、家づくりに込める思いを語ることにした。新居で顧客の生活がどう変わり、どんな幸せな時間を過ごしてほしいと考えるのか。そこに力点を置いた。

チラシに価格を載せるのをやめ、物件の写真も控えた。その代わりに、社員の顔写真とメッセージを散りばめた。

さらに営業エリアを絞った。新たに定めた「宝の声119番」対応を実行するためだ。顧客の家で水道のトラブルなどがあったら、社員が「1時間19分」以内に駆けつける。だから、社員が車で1時間19分以内に行ける場所にしか家を建てない。

蓬台氏は07年、社長に就任。現在は年間100棟以上の新築を手掛けている。「この家を燃やしてほしい」と言われた施主からは、その後も新規顧客の紹介が相次いだ。

蓬台社長。小さな工務店だった都田建設で積極果敢な営業をしたが…(写真／堀勝志古)

都田建設の本社。近隣でカフェや雑貨店なども運営し、週末には周辺一帯が女性客などで賑わう

解説

蓬台社長が創業者に惹かれたのは、「建てて終わりでなく、完成した後もお客様を守り続ける」という「仕事上の真摯さ」にありました。しかし、その理想は十分な蓄えがあってできることです。ですから、「お客様を守るために、もっと成長しなければ」という考えに間違いはなかったはずです。

しかしながら、急速な事業拡大は商品の品質ばかりか、働く人たちの労働の質までも不安定にさせました。蓬台社長は失敗を認め、価格訴求の拡大路線をやめて、社員一人ひとりの家づくりに対する思いが本物であること、自分たちが建てた家にトラブルがあった場合には駆けつけられることを約束し、お客様に発信しました。さらには、その約束を社員たちの無理な頑張りで担保するのではなく、「仕事を受けないエリア」を示して保証したのです。

このように考えることができたのは、創業者内山会長の人間としての真摯さを実感できたからです。部下である自分を信じてくれたことに報いたい。この思いが原動力となり、苦境を何度も乗り越えたのです。そして疲弊する部下を目の前に、自問することにつながりました。真摯さは承継されたのです。人は真摯な人と共に働いてこそ、成長できるものです。そのためにも自分を磨き続けたいものです。

あなたの会社の
製品やサービスについて、
ご利用いただくお客様に
責任をもって約束することは何ですか？

memo

質問

その約束を果たすために、同僚・部下あるいは協力会社に無理をさせず実現するには、どんな取り決めや条件が必要ですか？

memo

部下の成長と向き合うとき、心がけていることは何ですか？

memo

物語 11

お客様からの答えは「雰囲気」。
「社風」という見えない強みをいかに磨くか？

原理原則

組織や過去の活動から
真の強みを見つけ、
徹底的に磨き、活用する

「経済的な業績は、差別化の結果である。
差別化の源泉、および事業の存続と成長の源泉は、
企業の中の人たちが保有する独自の知識である。
成功している企業には、
常に、少なくとも一つは際立った知識がある。
そしてまったく同じ知識をもつ企業は存在しない。」

『創造する経営者』p145

組織の強みとは何か。ドラッカー教授は、組織を構成する個々のメンバーが持つ「独自の知識」だと考えた。その知識は、一人ひとりが無意識に繰り返す活動や行動に表れる。

例えば、トヨタ自動車には「トヨタ式」という言葉に象徴される独自の生産方式に関する知識がある。その蓄積が、他社との間に顧客価値の差を生む。実際にはトヨタに限らず、大抵の企業が独自の知識と強みを持つ。しかし、自覚するのが難しい。得意なことは当たり前にでき過ぎて、自分では気づきにくいからである。

ドラッカー教授は、自社の強みを知る手がかりとなるいくつかの問いを発した。「他社はうまくできなかったが、わが社はさしたる苦労もなしにできたものは何か」「他社はさしたる苦労なしにできているのに、わが社はうまくできなかったものは何か」「わが社は他社にできないどのような良い仕事をしているか」

都田建設の蓬台社長は、これらを使って、自社の強みを認識した。何気ない顧客の言葉に大きなヒントがあった。いったん強みが分かれば、強化が可能になる。都田建設では、社員の魅力を磨くため、週1回のバーベキューを始めた。組織の強みを伸ばす活動を日々積み重ねることが、業績に大きな差を生む。

「真剣バーベキュー」で利益率倍増

「そうだ、バーベキューをしよう！」――。

２００８年の正月、天啓のようにひらめいた。

同年８月から、都田建設では週１回、昼休みに全社員が本社の裏庭に集まり、バーベキューをしている。社員は今では約50人。正午に全員が集合してスタートし、午後1時には、後片付けまできっちり終える。開催回数は、累計４００回を超えた。

雰囲気がお金になる

バーベキューを始める前年、蓬台浩明社長は、悶々としていた。

大手ハウスメーカーから都田建設に転職して10年目のこの年、創業者から社長を任された。確かに実績は上げてきた。大工出身の創業者と事務員１人の小さな会社に飛び込み、

「攻めの営業」で奮闘。年間1件ほどだった戸建て住宅の受注を、わずか2年で30件に伸ばした。

その後、方針を大転換。商圏をぐっと絞る代わりに、自社が建てた住宅にトラブルがあったら、1時間19分以内に社員が駆けつける「宝の声119番」対応を導入。顧客のライフスタイルを重視したきめ細かい営業に舵を切り、一定の手応えを感じていた。

しかし、何か物足りない。何度も読み返したドラッカーの書籍の一節が、脳裏に響いた。

「何をもって憶えられたいか」(『非営利組織の経営』p220)。

ただ業績を上げて、「ちょっと変わった建設会社が浜松にある」と覚えられてもつまらない。組織としての魅力で、「面白い会社が日本にある」と世界に知られたい。

では、都田建設の面白さとは何か。魅力とは何か。なかなか答えは出てこなかった。

ドラッカーは「自社が得意とするもの」を把握する方法について、『創造する経営者』に記す。

「他社はうまくできなかったが、わが社はさしたる苦労もなしにできたものは何かを問わなければならない」「上得意の顧客に対し、わが社は他社にできないどのようなよい仕事をしているかを聞かなければならない」

そこで顧客を訪問し、「なぜうちを選んだのか」と直接、尋ねた。

だが、明瞭な答えが返ってこない。「うーん、何となく……」と、首をかしげる。

「えっ、理由がない？」と、驚いた。「そんなことで、うちの会社は大丈夫か」と思いながら、食らいついた。「もうちょっと何かないですか。小さなことでいいですから」。すると、こう言われた。

「雰囲気かなあ。あえて言うなら人っていうか……」

また驚かされた。雰囲気だけで、数千万円もする買い物を決めたのか。にわかに信じられなかった。しかし、よく考えると、それが本当ならば大変な強みだ。

顧客が指摘した「雰囲気」について、改めて考えた。商品や販促物のデザイン、社員の服装や表情、人柄――。それらが全体として醸し出す社風を指すのだろう。

仕事中にサーフィン？

しかし、いい社風をつくるには、どうしたらいいのか。

答えを求めて、本を読みあさった。その中で感銘を受けたのが、米国のアウトドア用品メーカー、パタゴニアの創業者の著書『社員をサーフィンに行かせよう』。

パタゴニアでは、「いい波が来たらサーフィンに行こう！」と社員に呼びかけ、業務時間中でもサーフィンに出かけることを奨励しているという。

ただ「遊べ」と、言っているわけではない。社員に「真剣なアスリート」として、他のメンバーと協調しながら、融通を利かせて効率的に、責任感を持って働くことを求める。仕事中のサーフィンは、そんな社風の象徴だ。

興味が湧いて、米国西海岸に飛び、ロサンゼルス郊外のパタゴニア本社を視察した。海を見渡せる敷地。その一角で社員に尋ねた。

「本当に晴れた波の高い日にはサーフィンに行くのか」

すると、「実際にサーフィンに行く社員は3％程度だ」という。

少しがっかりした蓬台社長に、その社員は真顔で説いた。「けれど、ここにはその3％を目指す人しかいない。できるかどうかじゃない。そういう働き方を目指す人が集まることが大事なんだ」。

思わず、納得させられた。帰国後、パタゴニアのサーフィンのように、自分が理想とする社風を、インパクトを持って伝える方法がないかと考えた。

ふと思い出したのが、若いときにホームステイしたオーストラリアの家族。週末のたびに家族や仲間が集まり、バーベキューを楽しんでいた。そこでひらめいた。

楽しむための叱咤激励

合言葉は「晴れた日には、バーベキューをしよう！」。

平日に会社でバーベキューをするという提案に、社員は最初、戸惑った。一方、蓬台社長は仕事中でもすぐ取りかかれるように、350万円以上かけて、本社の裏庭にバーベキューの設備を作った。第1回のランチバーベキューの幹事は、社長自ら買って出た。

持ち回りの幹事は大仕事だ。予算1万円で献立を考えて食材を調達し、約50人の社員をリードしながら調理から歓談、後片付けまで、1時間で終わらせる。

雰囲気づくりにも気を配る。幹事以外の参加者も場を盛り上げるため、自分にできることを考え、動く。時に叱咤激励も飛ぶ。「挨拶のときは、口角を上げようよ」「うつむかないで。周りの人に目線を向けて」「最近、よく声が出るようになったね」――。

なぜ、こんな声掛けをするのか。

「私たちがバーベキューをする理由を突き詰めれば、従業員満足ではなく、顧客満足のためだから」と、蓬台社長は説明する。

バーベキューを通じてコミュニケーションの質を高め、顧客を楽しませ、気配りができる人になろう。良い社風づくりで顧客に喜びを生もう。そんな目的意識を全社員が共有するよう、意義を説く。

だから、バーベキューを満喫しながら、仲間にダメ出しする社員も現れる。その過程で互いの強みも弱みも熟知し、補い合う連携プレーが出る。そんな関係性が仕事に生きる。

都田建設の経営を任されたとき、蓬台社長は収益力の向上を目標の1つとしていた。そして社長就任時から、営業利益率は倍増した。

その原動力は、個々の社員と顧客の関係の深さ。価格競争と一線を画し、既存顧客からのリフォームなどの受注が増えたことも収益性に貢献した。「魅力を磨けば、価値が磨かれる。その価値が利益を生む」と、蓬台社長は語る。

都田建設の名物、ランチタイムのバーベキュー。楽しく歓談（左写真）した後、後片付けまで1時間で終える。参加者全員に時間管理能力やコミュニケーション力が求められる。持ち回りの幹事役が、この日のメニューや調理の段取りを説明（下写真）。

解説

お客様からの意外な声は、自社を外部から見つめ直すきっかけとなるものです。「社員の醸す雰囲気」や「社風」という形のないものが、数千万円もの買い物の決め手だったという結果に、困惑するのも無理はありません。だからこそ、そこに真実があります。お客様が言う「雰囲気」は、そこから感じ取られるものづくりやサービスに対する姿勢や価値観です。同社で大切にしているのは、お客様の感情や感性を確認しながら一緒につくっていくという「日本古来の家づくり」の姿勢です。

それを実現するためには、本来、お客様によって異なるさまざまなライフスタイルや価値観の理解が必要です。しかし、目に見えないものを言葉だけで伝え合うのは、大変な時間の交流が必要です。それが、都田建設では、全社員が当たり前のようにできている。そこに、「社風」という見えないものが「強み」として機能していたのです。

では、その強みを磨くには、何をすればよいのか。まず、思いついたのは社員同士が交流する「真剣バーベキュー」による社風や価値観の共有と強化でした。現在は、社外の方と価値観を共有する仕組みを構築しています。本社併設の、気軽に立ち寄れるインテリアショップやカフェです。これが、施工後も続くお客様との関係の維持とともに、同社が提案するライフスタイルや価値観を新たな顧客と共有する場となっています。

質問

「お客様が当社(の商品)を支持する理由」は自社のどんな取り組みによって支えられていますか?

memo

競合先では苦労しているのに、
あなたの組織では、
当たり前にできてしまっていることは
何ですか？

memo

発見した自社の強みを、より磨き上げるために何ができますか？

memo

物語 12

コミュニケーション不足から
スタッフが大量離職。
組織の空気と仕事への姿勢は変わるか？

原理原則

コミュニケーションは どうやって伝えるかではなく、 組織の目的など 何を伝えるかが大切

「組織は道具である。
他のあらゆる道具と同じように、
組織もまた専門化することによって、
自らの目的遂行能力を高める。しかも、組織は
限定された知識をもつ専門家によって構成される。
したがって、目的すなわち使命が
明確であることが必要である。」

『ポスト資本主義社会』p72

用途に合わせた道具が使いやすいように、組織もその目的が具体的に絞り込まれ、明確であることが求められる。絞り込む際には、専門的知識か、限定された市場のどちらかに集中することである。

「患者の命を救い、健康を守る」では広すぎる。ドラッカー教授は「特定の使命」と強調した。事例の柊クリニックでは、子供という市場に集中した。

目的が不明確あるいは一般的すぎては、資源と活動を集中できない。その結果、例えばスタッフに伝えるべき言葉の少なさに直面する。勢い、売り上げやコスト、業務の効率化などを話題にする。

良いミッションは、何のために働いているのかを明確にする。不明確であれば、スタッフが組織を去る大きな原因になる。ミッションが明確であれば、スタッフからさまざまなアイデアが生み出される。目的なしに手段が生まれることはない。自分たちで考え、決めたアイデアを実行するとき、人は最も動機づけられる。

ミッションが明確であれば、成果の定義が可能になる。柊クリニックでは、ガチャガチャのカプセルと定義した。それは子供が完治した証しである。顧客にとって売り上げや利益は関係ない。大切なことは、その組織が何をしてくれるかだけである。

「自分だからできること」を問う

「柊みみはなのどクリニック」は、子供の診療に特化した耳鼻科。運営する医療法人る・ぷてぃ・らぱん（愛知県大府市）の内藤孝司理事長は、勤務医を経て1999年、31歳のときに、同市内に耳鼻科の診療所を開業した。最初はこれといった特徴はなかったが、2008年頃、子供向けに大きく舵を切り、以降、患者数が増え続けている。

最初に開業した「大府柊山院（本院）」は現在、小児科と皮膚科、歯科を併設し、耳鼻科の売上高は約3億円。開業後しばらく1億5000万円ほどで頭打ちだった時期から倍増、純利益も増えた。

ここ数年は、患者数の増加に対応するため、分院を増やしている。14年に開業した「大高駅前院」と、17年開業の「有松駅前院」は、共に本院から車で20分ほどの場所にあり、既存客を分散させながら、新規客を獲得している。今年は、名古屋駅前にも分院を出した。

ママの悩みを解消する

なぜ、これほど人気なのか。

耳鼻科では鼻や耳に医療器具を挿入するなど、子供にとって不快な治療が多い。泣き出し、病院に行くのを拒絶するようになる子供も珍しくない。

しかし、柊みみはなのどクリニックは、子供が楽しく来院できる仕掛けを多く用意している。だから「病院に行くのを子供が嫌がらなくて助かる」という親たちから強く支持されている。

例えば、10歳以下の子供が無料で入会できる「柊キッズクラブ」の存在。会員になると、ひな祭りやハロウィーンなどに合わせて年5回ほど、クリニックで開催されるイベントに参加できる。

クリスマスには、プロの手品師を1時間数万円のギャラを払って呼び、本格的なマジックショーを開催。その後、スタンプラリーやビンゴゲームで会場をさらに盛り上げ、最後はインスタントカメラで記念撮影、その場で写真を進呈するといった具合だ。

そのほか、子供に医療器具の操作などを体験してもらう「キッザニア」風のイベントも人気だ。

待合室にも仕掛けがある。子供たちがのびのびと遊べるキッズルームを広くとり、アニメなどを流すテレビモニターを設置。マンガや絵本も充実している。

要するに「病気でなくても行きたいクリニック」。だから病気のときに受診するハードルが低い。

7割のスタッフが離職

今のように子供の診療に特化するまでには、紆余曲折があった。

最初に開業した本院は、たまたま安く借りられた土地に建てた。

最寄り駅から徒歩25分ほど、当時は数百メートル離れたショッピングモールを除けば、周囲は田畑ばかりだった。

「車で子供を連れて来るファミリーがいるだろう」。そんな目算はあったが、約2億円の借入金を背負った内藤理事長にとって、不安も感じるスタートだった。いざ開業してみると、集客には思ったほど困らなかった。だが、別の大きな壁にぶつかる。スタッフのマネジメントだ。

医師と兼務で経営を担う内藤理事長以外、看護師や事務員などのスタッフはほぼ全員が女性。しかし、内藤理事長は女性と話すのが苦手だった。思い切って親しみを込めて言った冗談が全く通じず、落ち込んだこともあった。

こうして苦手意識に拍車がかかり、ますますスタッフとコミュニケーションを取らなくなるという悪循環。折しも2000年代前半、好況に沸く名古屋に程近い大府では、人手不足が深刻化していた。より給与の高い仕事を求めて転職するスタッフが相次いだ。

そこに大事件が起きる。06年から07年にかけて、業務効率化のために電子カルテ導入を断行したところ、現場の大反発に遭う。そしてスタッフの約7割が離職した。

これをきっかけに、内藤理事長は組織運営について学ぼうと決意。経営セミナーや異業種の経営者が集まる勉強会に積極的に参加するようになった。

そんな場で、あるとき「理念を定めてはどうか」と助言され、素直にやってみようと考えた。こうしてつくった理念が「患者さんにスタッフにやさしいクリニック」。

大量離職を招くまでを振り返って「自分はスタッフに優しくなかった」と反省した。スタッフに対して「『患者さんに優しく接する』という当然のことが、どうして分からないのか」と憤ったこともあった。

けれど、そもそもトップに立つ自分がスタッフに優しくなくて、どうして彼女たちが患者に優しくなれるだろうか。

新しく制定した理念を発表すると、それだけでクリニックの中の空気が変わった。

何より自分自身が変わった。

それまではスタッフに、利益や経費のことばかり話していた。借入金のプレッシャーもあって「どうしたら最小限の人数で現場を回せるか」「消灯はこまめに！」といった話になりがちだった。

けれど、理念を定めた後は、「一番大事なのは、患者さんに優しいクリニックであること。そのために利益を確保しなければならない」といった言い方に変わった。

そんな内藤理事長を見て、ある経営者から「ドラッカーみたいですね」と言われた。それを機に初めて著作を読み、感銘を受けた。

特にリーダーシップについて「重要なのはカリスマ性ではない」（『非営利組織の経営』

p2）と断言していることを、心強く感じた。カリスマ性のなさを自覚しながら組織を率いてきた自分が肯定された気がして、泣けてきた。

一般論では弱すぎる

一方でドラッカーは、リーダーシップにはミッションが絶対不可欠だと説く。そんなことを知った折、ドラッカーに詳しいコンサルタントにこう質問された。

「内藤先生のミッションは何ですか？」

「患者さんの命を救い、健康を守ることです」と答えると、「それって医療業界の人なら、皆同じですよね」と、指摘された。

打ちのめされた気がした。ミッションとは、誰にでも当てはまる一般論ではダメなのだ。ほかの誰でもない、自分だから果たせる使命を設定しなければならない。

自分の強みについて考えた。

開業時の狙い通り、子供の患者は多い。なぜかと考えると立地もあるが、それだけではない。自分自身が子供好きだからだ。10歳ほど年が離れた弟がいて、幼少時、共働きの父母に代わって世話をしていたので、子供の相手に慣れている。しかもアニメ好きなので、子供と話が合いやすい。逆に高齢者と話すのはどちらかというと苦手だ。

だからだろうか、顧客アンケートの自由意見欄に「ほかの病院は嫌がる子供が、ここだけは嫌がらなくて助かる」という声が散見される。いっそのこと子供のための病院にしてはどうか。

そんなことを考えながら、スタッフと半年ほど話し合いを重ね、こんなミッションを定めた。

「子供たちの未来のために世界で一番ハッピーなクリニックを創る!」――。これを機に、子供向けに特化した診療に切り替えた。

今のような「子供たちが喜んで来院するクリニック」をつくることは、子供たちの未来を良くすると、内藤理事長は信じている。

何より、子供たちが病院嫌いのまま大人にならずに済む。その結果、病気の早期発見や治療につながり、健康に暮らせる。

さらにクリニックにいい思い出を持つ子供たちの中から将来、医療業界に身を投じる人材が出るかもしれない。その結果、医師不足、看護師不足に歯止めがかかれば、子供たちの未来も明るくなる。

柊みみはなのどクリニックでは、子供が完治するまで病院に通うと、記念にガチャガチャを回して、カプセルに入った景品を手に入れられる。そこにスタッフが「頑張ったね。今日が最後だよ」と、声をかける。

ガチャガチャのカプセルが月次で何個減ったかを、内藤理事長は常に意識している。

「どの病院でも、完治するまで通わない患者さんは多い。最後まで通ったということは、患者さんが『治った』というよりむしろ、『このクリニックに満足した』ことの証拠。今は4院ともカプセルの減った数が前年比プラスだから、いい状態にあると思う。この数字を、経営指標として売り上げや利益より大事にしている」

待合室に設けた広いキッズルームに、スタッフがひな祭りなど季節の行事に合わせた装飾を施す

医療法人る・ぷてぃ・らぱんの内藤理事長。耳鼻科のクリニックを独立開業して約9年後に、子供に特化した診療に切り替えた。ドラッカーをはじめ経営書に学びながら、クリニックを運営してきた(写真/堀勝志古)

「柊キッズクラブ」の会員になった子供たちのためのイベント。プロのマジシャンを呼ぶ

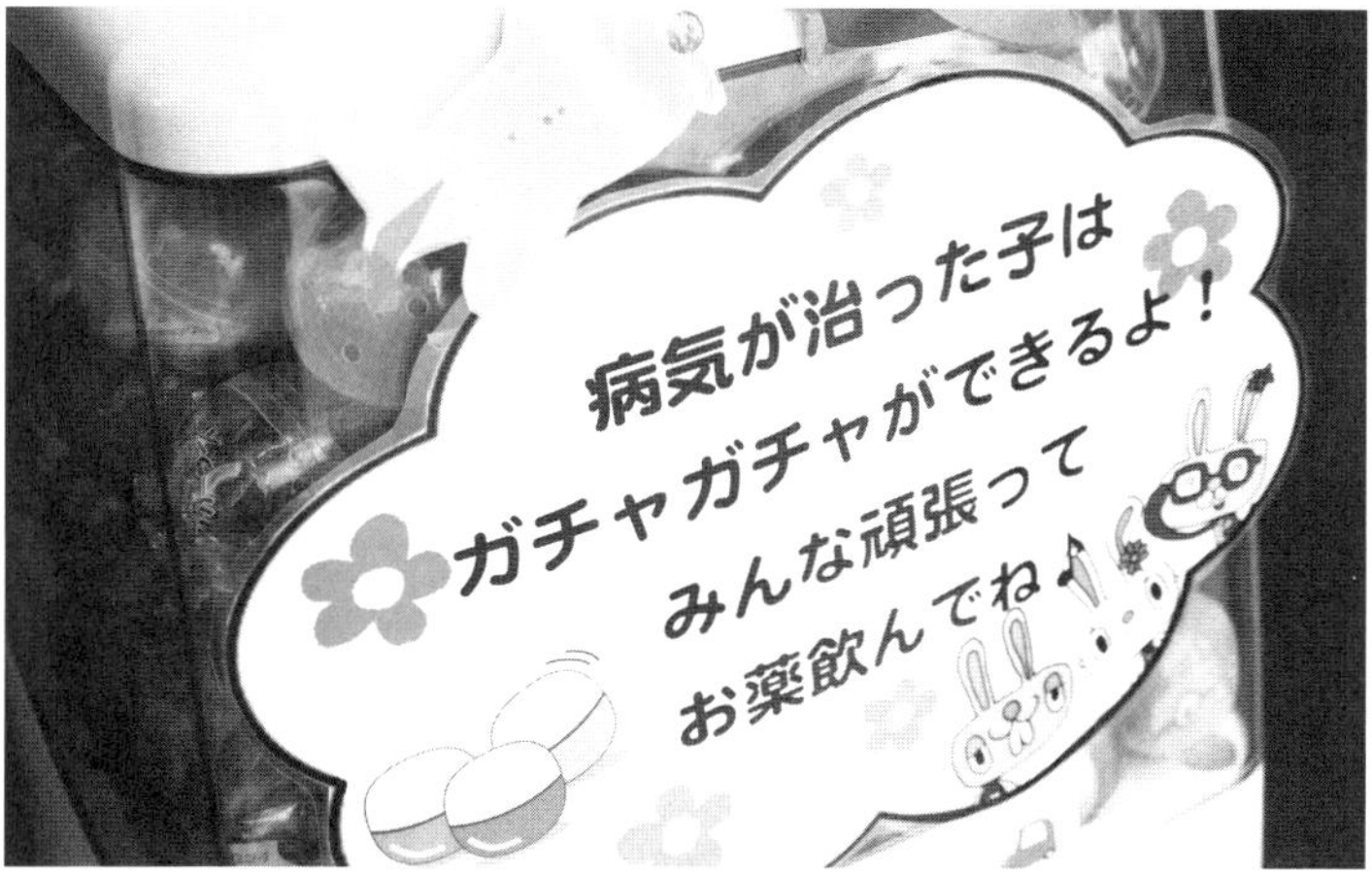

完全に治るまで通い切った子供はガチャガチャができる（写真／堀勝志古）

解説

突然ですが、ここでクイズです。①すべてはお客様の喜びのために。②すべての人に最高のサービスを提供する。③安心・安全な地域一番店。これらの3つのミッションは、それぞれどんな事業をしている会社あるいはお店か、想像できるでしょうか。

きっと意外に思われると思いますが、これらはいずれも、私たちのセミナーに参加いただいた飲食店経営者の方から披露いただいたミッションです。実は、どんな業種でもどんな業態でも使えそうな「一般的なミッション」を掲げている組織は多いのです。

あなたの組織には、「特定の使命」はありますか。特定の使命は、お客様を特定し、提供する顧客価値を特定し、事業の成果を特定します。また、損得勘定でないところで、やるべき事業・やるべきでない事業を示し、何のために働くのかを明らかにします。

地域や市場や業界など対象を絞り込めば、獲得すべき市場シェア（占有率）も定まり、最終的にどんな規模にまで成長する必要があるかを示します。

そのミッションによっては、そこに至る道が、遠く、そして険しいこともあります。柊クリニックのように、カプセルの数を数えて経営指標としたように、一歩一歩、道を誤らないように確認しながら進むような工夫も必要でしょう。将来、「あの会社があったおかげで人生が（あるいは社会が）良くなった」と語られる会社になりたいものです。

質問

あなたの組織の「特定の使命（ミッション）」が果たされたとき、どんな人たちのどんな明るい未来が待っていますか？

memo

その明るい未来を手にした人が地域や市場や業界に満ち溢れたとき、その地域や社会や業界はどう変わりますか？

memo

その変化に一歩一歩
近づいていることを何で測定しますか?

memo

物語 13

真面目だが、
チャレンジ精神に欠ける従業員たち。
いきいきと働ける職場にするには?

原理原則

優れた組織の文化はリーダーシップの源泉である

「リーダーシップの素地として、
行動と責任についての厳格な原則、
高い成果の基準、人と仕事に対する敬意を、
日常の仕事において確認するという
組織の文化に優るものはない。」

『現代の経営[上]』p222

要点 ››››

リーダーシップとは何か。「人を引きつける資質ではない」と、ドラッカー教授は断言する。「仲間をつくり、人に影響を与えることでもない」という。勘違いされやすいから強調したのだろう。

リーダーシップを、教授は次のように定義した。「人の視線を高め、成果の基準を上げ、通常の制約を超えさせるものである」。さらに「リーダーシップとは姿勢である」と述べた。

しかし、人の姿勢とは曖昧で目に見えにくい。リーダーの姿勢をメンバーにはっきり伝えるには、行動するしかない。リーダーの内面にある姿勢を、何らかの行動でメンバーに示す。リーダーシップとは模範となることである。それは小さな行動でいい。いや、むしろ小さな行動がいい。分かりやすく継続しやすいからだ。

今回の主人公は、リーダーとしての姿勢を示す最初の行動として、挨拶を選んだ。部下とその仕事への敬意を示す、小さな行動の積み重ねが、上司への信頼を生んだ。そんな上司の仕事ぶりを見て、部下の視線が高まった。

敬意は良い組織の文化の基礎を成す。意識が組織の内から外に向かうきっかけとなる。それは顧客に意識を向け、自ら考え、行動するようになるための基本である。

復活劇は朝の挨拶から始まった

東急百貨店本店の業績が好調だ。２０１３年から3年連続の増収増益。16年は売上高の伸びこそ止まったが、客数は増加。その後も好調に推移している。

立地は必ずしも良くない。東京の渋谷駅から徒歩5分。人手が多い町を歩くのを敬遠する人も少なくない。しかも渋谷駅には、同じ東急百貨店の東横店（２０２０年3月で地下1階食品売り場等を除き、営業終了予定）が隣接するので、差異化が不可欠だ。

昔から高級品の販売には強みがあった。しかし、08年のリーマン・ショックで富裕層の消費が落ち込み、さらに11年の東日本大震災の後、自粛ムードの買い控えが広がり、打撃を受けた。

そんな苦境にあった13年2月、店長に就任し、業績を反転させたのが高橋功氏だ。

父が託した商人の誇り

高橋店長がドラッカーと出会ったのは、東急百貨店に入社した1983年。今は亡き父から「商売の世界で生きていくのなら、ドラッカーくらいは読んでおきなさい」と勧められた。戦中派の父はかつて軍人を志していたが、敗戦を受けて商社マンになった。「自らの意思で、商人の道を選んだ自負を持っていた」と、高橋店長は振り返る。

そこでドラッカーの本を手にしたが、若手のときは、あまり理解できなかった。課長に昇進した頃、改めて『現代の経営』と『マネジメント』を読み直した。するとそれまで店頭に立ったり、バイヤーとして各地に赴いたりした実務経験が重なって腑に落ち、夢中になった。それからドラッカーの著作や関連書籍を片っ端から読み、大事にしたい言葉をノートに書き写すようになった。

その中に、こんな一節がある。

「企業とは人であり、その知識、能力、絆である」

晩年のドラッカーに密着インタビューをしたエリザベス・イーダスハイムの著書『P・F・ドラッカー　理想企業を求めて』にある言葉だ。さらに、組織で働く人々は「それなりの報酬を要求するものの、何よりも自立、裁量、敬意を要求し、階層よりも能力を重視する人たちである」と続く。

ドラッカー流の「礼儀」

店長に就任してから、特に気になった言葉が「敬意」だ。

約1300人の従業員は皆、真面目に働いていた。だが、全体に大人しくていまひとつ元気がない。チャレンジ精神に欠けている気がした。彼ら彼女らがよりいきいきと働くことが、本店復活の第一歩になるはずだ。そのために自分はまず、リーダーとして部下に敬意を示すべきではないか。

ドラッカーはこう指摘する。

「もし素晴らしい仕事が、人の協力を必要とした段階でつねに失敗するようであれば、一つの原因として、人への対し方、すなわち礼儀に欠けるところがあるのかもしれない」(『明日を支配するもの』p198)。

そこで高橋店長が最初に力を入れたのが挨拶だった。現場が忙しい週末を中心に週に数日、早朝から本店の裏口の前に立ち、従業員の出勤を笑顔の挨拶で出迎えた。

営業中も1日に5、6回、店内を巡回し、顧客に挨拶しながら従業員に声をかけ、その表情や動きを観察した。「現場を歩き、現場の声に耳を傾けることで、信頼を得たかった」(高橋店長)。

さらに店長室を廃止し、従業員と席を並べて執務した。距離を近くすることで、相談しやすい環境をつくりたかったからだ。

やがて従業員は、内心の不満を、高橋店長に漏らすようになった。

例えば「トイレが汚い」。言われてみれば確かに、従業員用トイレは67年のオープンから半世紀近く、大規模な改修がされていなかった。きれいにするには、ただ便器を取り換えるのでは不十分。排管工事も必要で、莫大な費用がかかった。

それでも少しずつ予算を確保し、2015年から1年に数フロアずつ工事をした。

「社員食堂の料理がおいしくない」という不満もあった。食堂を運営する会社と相談して、厨房設備のメンテナンスを実施。毎月29日を「ニクの日」と定めてステーキランチを提供したり、従業員のリクエストに応える特別メニューを企画したりと、工夫を重ねた。

やがてゆっくりと、従業員の姿勢に変化が見え始めた。

挨拶から広がる主体性

挨拶運動を始めた半年後、挨拶を返す人が増えた手応えを感じ、1年後には挨拶の習慣が店内に根づいたと確信できた。さらに2年ほど続けると、従業員から「挨拶運動は私たちがやります」という声が上がり、高橋店長はお役御免となった。

それと同時に、販促などの企画提案が出るようになった。

大きな転機となったのは、14年4月。

屋上に期間限定でバーベキュー施設をオープンさせた。店長室の若手が提案した前例のない企画。来店客に、大人1人2000円で炭火や食器、調味料などを提供し、持ち込み自由の食材や飲み物でバーベキューを楽しんでもらう。消防法上許されるかを行政と話し合うなど、手間はかかったが、実現すると話題を呼び、メディアの取材が相次いだ。

バーベキューを目的に来店した顧客を満足させるため、全店一丸となった。

精肉売り場では普段、高級品が中心の品ぞろえを見直し、リーズナブルな価格の肉とカットした野菜のセット商品を販売。これがよく売れた。発泡酒なども冷やして用意した。

また、屋上の活性化として仙台市と連携し、近隣の小学生の食育を考える「農業プロジェクト」を毎年実施。田植えから稲刈り、給食での実食なども行っている。

その後、さまざまな企画が提案され、部署横断で取り組むプロジェクトが増えた。参加した従業員は、普段と違う仕事を体験して充実感を味わうと同時に、個別のプロジェクトの収支への関心を強めた。それが、普段の仕事を見直すきっかけとなった。

例えば、衣料品売り場で、シーズン中に売れ残った商品を値下げして販売すれば、利益率は下がる。それを防げないかと考える姿勢が生まれた。定価で喜んで買ってもらえるのはどんな商品なのか、顧客が満足する品ぞろえを真剣に考えるようになった。そんな変化が、連続増益につながっている。

「トップの仕事は、現場が仕事をしやすい環境の整備。提案が湧き出す最初のきっかけさえつくれれば、チャレンジが増える。すべての挑戦が成功しなくても構わない。失敗を許容し、行動力を底上げしていく。そうすれば組織はどこまでも力強く成長していける」。高橋店長はそう確信している。

高橋店長。ドラッカーの著書の引用など、気になる言葉を「金科玉条集」と名付けたノートに記録している。「日本におけるドラッカーの代弁者の上田先生が亡くなり寂しいが、お二人の遺志を継いで実践していきたい」という

朝の挨拶当番は現在、従業員の輪番。写真入りの当番表が張り出されている

東急百貨店本店。東京の渋谷駅から徒歩5分の立地

2016年12月には、屋上に期間限定でカーリングゲーム場を設置して話題になった。斬新な企画へのチャレンジが、好業績の原動力だ

解説

いよいよ最後の物語です。行動に移す時です。事業の意思決定権者に近い方も、製造や販売などの現場にある方も、等しく取り組める、組織文化についての課題です。

前段の「要点」にあるドラッカー教授のリーダーシップの定義に基づけば、リーダーは役職者や上司に限りません。お客様に対する姿勢、仕事に対する姿勢、上司を含めた働く仲間に対する姿勢で、周囲の意識を高め、不可能だと思われたことに挑戦するチームができたきっかけが、実は入社したばかりの熱意ある若者であることはよくある話です。

この物語では、部下とその仕事に敬意を示す行動を積み重ねた高橋店長のお話を象徴的に取り上げましたが、現場や部下、後輩や若者に対しての姿勢に、その組織の文化が表れるからです。上司が自分に敬意を払わないからといって、自分も部下に敬意を払わないのなら、その支配的な組織の文化をつくっているのは自分自身でもあるわけです。

ドラッカー教授は「人の本性は、最低ではなく、最高の仕事ぶりを目標とすることを要求する」と断言しました。ゲームやスポーツをするときと同様、もっとうまくやりたいと考えるのが人の本性です。仕事だけは例外と考えるほうが、むしろ不自然です。そんな人間の本性をねじ曲げてしまうのが、組織の文化であってよいはずがありません。高橋店長が行ったのと同様、新たな組織の文化を築くのは、自分自身の小さな取り組みからです。

これまでに
あなたと共に働く仲間から出てきた
アイデアや提案に、
どんなものがありましたか？

memo

共に働く仲間と、
これからどんな関係を
築きたいですか？

memo

そのような関係を築きたいことを伝えるためにどんな姿勢や行動を示しますか?

memo

特別編

負け癖がついたチームの変え方

1990年代、ビール業界で激しいシェア争いが繰り広げられた。長年トップシェアを誇ったキリンビールに、「スーパードライ」をヒットさせたアサヒビールが猛攻。2001年、王座を奪った。劣勢にあったキリンビールの反転攻勢に活躍したのが田村潤氏だ。07年、副社長兼営業本部長に就任し、2年後、トップ奪還を果たす。

そんな田村氏は「戦い方はすべて高知支店で学んだ」と語る。その経緯は著書『キリンビール高知支店の奇跡』(講談社)に詳しい。

だが、田村氏が長年ドラッカーの言葉に親しんできたことを知る人は少なく、著書にも記載がない。

そこで田村氏にインタビューを行い、高知支店での奮闘をドラッカーの名言で解説する。

たむら・じゅん
1950年生まれ。成城大学経済学部卒業後、キリンビール入社。95年に支店長として高知に赴任した後、四国4県の地区本部長、東海地区本部長を経て、2007年、副社長兼営業本部長に就任。全国の営業の指揮を執り、09年、シェアの首位奪還を実現した。11年から100年プランニング代表（写真／菊池一郎）

弱小支店で学んだ戦い方の本質

【ポイント1】成功の落とし穴

田村氏によれば、1990年代以降のキリンビールの苦境は、ライバルのアサヒビールがもたらしたものではありません。40年以上トップシェアを誇ったがゆえの落とし穴でした。成功の中で経営理念が形骸化していました。

95年9月、田村氏はキリンビール高知支店長就任の辞令を受けた。

周囲は「左遷」とささやいた。73年にキリンビール入社。本社の営業企画部門にいたとき、値引きで商談をまとめようとする部署の方針に反対し、上司ともめた。

そんな矢先に異動を命じられた。

高知ではもともと「キリンラガービール」の人気が高かった。その分、スーパードライ人気を受けた落ち込みも激しく、高知支店は県内トップシェアを守りながらも、「ダメ支店」と目されていた。

出勤初日、営業9人、内勤2人のメンバーを前に、田村氏は少し拍子抜けした。雰囲気が暗くない。本部の指示を淡々とこなし、数字が悪いことについては「仕方ない」「自分のせいではない」というスタンス。危機感がなかった。

一方、本社には危機感はあっても迷走しているように思えた。創立以来の理念として「お客様本位・品質本位」を掲げていたが、長年、業界の王者の座にあったのが裏目に出て、現場が軽視されていた。「お客様を見ずに『お客様本位とは何か』を議論するから、空回りしていた」と、田村氏は話す。

当時を振り返って、痛感するドラッカーの言葉がある。「明確かつ焦点の定まった共通の使命だけが、組織を一体とし、成果をあげさせる」（『ポスト資本主義社会』）。「理念という組織の軸が揺らぐと、転んだときに立ち上がる支えを失ってしまう」（田村氏）。

【ポイント2】知識労働者

田村氏はその後、高知支店の立て直しに尽力します。一度は、県内トップシェアをアサヒビールに奪われながらも、5年がかりでその座を奪還します。しかし、その間、田村氏が追い求めた本質はシェアではなく、部下の働き方を変えること。ドラッカー教授のいう「知識労働者」を育てることでした。

96年1月、高知支店のメンバーは1泊2日の研修合宿に臨んだ。研修内容に期待していたわけではない。ただメンバーの意識を変えるきっかけが欲しかった。

シェアが落ちても「本社が悪い」と愚痴るばかり。本社の指示に従うのが仕事だと思っている。まさにドラッカー教授のいう「マニュアル・ワーカー」で、自分の努力と工夫で勝つことを考えない。だから、指示の実行もどこか中途半端。そんなメンバーを、自発的に考え、行動する「ナレッジ・ワーカー（知識労働者）」に変えたかった。

「知識労働者は自らをマネジメントしなければならない。自らの仕事を業績や貢献に結びつけるべく、すなわち成果をあげるべく自らをマネジメントしなければならない」(『経営者の条件』)。

研修は日曜日の朝に始まったが、メンバーのテンションは低かった。そこにトレーナーが「この支店の弱点は何か」を、個人名も挙げて議論させたので、ギクシャクした雰囲気が漂い始めた。

しかし、そんな険悪なムードのなかで、メンバーから初めて自分の頭で考えた意見が出た。「酒販店を回るより、料飲店を攻めたほうがいいのではないか」

【ポイント3】経営資源の集中

研修で出た意見を受けて、田村氏は営業戦略上、大きな決断を下します。詳細は後段に譲りますが、ポイントは、ドラッカー教授も繰り返し強調する「集中」です。

料飲店の営業強化という案がメンバーから出たのはなぜか。

実のところ、マーケットは酒販店のほうが大きく、居酒屋など料飲店で飲まれるビールは全体の25％にすぎない。しかし、酒販店に営業をかけても、最終的に購買を決めるのは消費者だ。逆に料飲店なら、店長などといい関係を築ければ、すぐ売り上げに跳ね返る。

田村氏は決断した。

「料飲店のマーケットに集中して営業をかける」

あえて大きな市場を捨てる賭け。四国の地区本部から怒られるのを覚悟した。

「重要なことは、いかに適切に仕事を行うかではなく、いかになすべき仕事を見つけ、いかに資源と活動を集中するかである」(『創造する経営者』)。

こうしてドラッカー流の集中戦略に大きく舵を切った。

【ポイント4】行動への転化

行動を伴わない戦略は、絵に描いた餅です。ドラッカー教授は「いかなる知識といえども行動に転化しないかぎり無用の存在である」（『経営者の条件』）と強調します。さらに戦略の遂行においては、行動の量がカギを握り、習慣化が不可欠です。田村氏は粘り強いメンバーへの働きかけで、このハードルをクリアしました。

田村氏は、営業社員がこれまで料飲店をどのくらい訪問していたかを調べた。月に30〜50件。高知県には当時、料飲店が約2000店あったので、全く足りない。

「営業社員は全員、現場リーダーの課長と相談して、料飲店の訪問件数の目標を立ててください」

こう号令した矢先、逆風が吹いた。96年初頭、スーパードライの勢いに危機感を抱いたキリンビールは、看板商品の「キリンラガービール」の味を変えた。これが大失敗。新規顧客を取り込めず、固定ファンの支持を失った。高知支店の成績もみるみる悪化した。

そして4月、支店の数字を洗い出した田村氏は激怒した。部下を集め、初めて本気で叱った。結果の数字が悪かったからではない。行動目標である訪問件数をクリアしていなかったからだ。

「約束したことをやり切らずに、なぜ平気で家に帰れるのですか」

これを機に、支店の空気が変わった。「少なくとも、できないことを本社のせいにするのはやめる合意ができた」（田村氏）という。課長と営業社員が個別に目標の達成状況を確認し、達成できていないときは、どうしたらできるかを膝詰めで議論するようになった。

9人の営業社員で高知に約2000店ある料飲店すべてを1カ月で回るには、1人200件以上を訪問する必要があり、実際にそんな目標を掲げた若手もいた。

実際にできるか、本人も半信半疑だったが、4カ月続けると、不思議と苦もなく回り切れるようになった。「よく来るね」という得意先の声に励まされ、営業を楽しみ、工夫する姿勢が出てきた。

しかし、アサヒビールの猛攻は止まらない。健闘むなしく、96年9月、とうとう高知県でのトップシェアの座を奪われた。

【ポイント5】顧客の買うもの

顧客視点に立つ重要性は誰もが認めるところです。ドラッカーはこう指摘します。「企業が売っていると考えているものを顧客が買っていることは稀である」（『創造する経営者』）。ビールの顧客は何を買っているのか。この問いに今までにない答えを出したことで、田村氏の反転攻勢が本格化します。

なぜこれほどまでアサヒビールに負けるのか。

ヒントを探して、田村氏も連日、現場を回った。夜は毎晩、地元の人たちと酒を酌み交わした。特に、かつてキリンラガー派だった消費者が、スーパードライに切り替えた転換点に注意して耳を傾けた。

「みんながおいしいと言うから」

「今、売れていると聞いたから」

驚いたことに、味の違いを上げる人はほとんどいなかった。

「お客様は要するに、売れていて元気な、勢いあるビールが飲みたいんだ。ビールは味で飲まれるのではない。情報で飲まれている」

目から鱗の大発見だった。

そんな折、面白い情報を見つけた。高知県は「20歳以上の人口1人当たりのラガーの瓶ビールの消費量が日本一」だという。そこで、こんなコピーを打ち出した。

「高知が、いちばん。──成人1人当たりのキリンラガービール（ビン）消費量は、おかげさまで高知県が全国一位でした」

なけなしの販促費で、地元の新聞やラジオに広告を出し、ポスターを配った。これが大きな反響を呼んだ。顧客との会話のきっかけとして格好の話題。高知支店のメンバーと顧客の距離が縮まった。

そんな中で、顧客からたびたび受けた要望があった。

「ラガーの味を戻してほしい」

このときメンバーは、キリンラガーがどれほど高知県民に愛されていたかを知った。ある人は、今は亡き両親が子供の頃、ラガービール1本を真ん中に置き、二人で飲んでいた記憶を語った。今も墓参りにはキリンラガーを持って行くと涙ながらに話す。高知の土地柄で、夏の農作業の後によく飲んだと振り返る人も多くいた。

そんな顧客の願いを何としてもかなえたい。田村氏は辞職覚悟で本社に通い、「ラガーの味の復活」を進言した。97年11月には、高知支店を視察に来た当時の社長に女性メンバーが直訴、田村氏が後で怒られる一幕もあった。

【ポイント6】社会における役割

この翌年、支店全体が突如、使命感に目覚めたと、田村氏は振り返ります。顧客との深いコミュニケーションを通じて、キリンビールでの仕事に意義を見いだしたのです。ドラッカー教授は、こう指摘します。「個人にとって、社会的な位置と役割がなければ、社会は存在しないも同然である」（『産業人の未来』）。社会的な位置と役割を自覚することは、知識労働者のモチベーションの源泉です。

98年1月、本社が「ラガーの味を元に戻す」と発表した。田村氏らの訴えがどの程度、効いたかは分からないが、これを高知支店はチャンスに変えた。「高知の皆さんのおかげです」という感謝の言葉で、営業攻勢をかけた。

全員が、強い使命感に燃えていた。膨大な顧客訪問をこなしてきたことは、営業の基礎体力を高めただけではない。顧客とのコミュニケーションを通じ、自社商品の価値を確信するに至っていた。

「おいしいキリンビールの商品を、一人でも多くのお客様に届けるのがわれわれの使命だ」。心からそう信じるメンバーたちは、営業に工夫を重ねた。「料飲店1軒の訪問に使えるのはせいぜい3分。そこで店主の心をつかむには、どうしたらいいか」「商売に役立つ情報は間違いなく喜ばれる」「土佐弁のポスターも面白いかもしれない」……。

これまでなかなか手が回り切らなかった本社からの指示にも、意欲的に取り組んだ。新商品のキャンペーンなどの要請を「キリンの商品を広めるチャンス。しっかり活用しよう」と、前向きに受け止めるようになったからだ。

こうして98年、高知県でのシェアが反転。2001年、県内首位の座を奪還した。

その後、田村氏はキリンビール副社長兼営業本部長として、全社的な営業の立て直しに奔走し、成功を収める。「リーダーとしてやるべきことは全国でも高知でも同じだった。その本質をドラッカー教授は的確な言葉で表現してくれている」と話す。

高知支店が独自に作成したポスター。高知県民のラガービール消費量が「日本一」だというデータが、顧客の心をくすぐり、地元で話題を呼んだ

田村氏のノート。心に残った言葉をメモして、読み返す習慣がある

田村氏とのインタビューから学んだこと

13人の小さなチームが起こした奇跡の話は、一人ひとりがどうしたら主体性をもって仕事に向き合い、成果を上げられるかを考えるヒントにあふれています。以下、ポイントを解説したいと思います。

■現場で考え、決定し、行動しなければ何も変わらない

田村氏が高知赴任時に感じたのは、本社の施策通りに動く社員の姿でした。つまり、考える余地が少ないということです。決める人、行う人という区分からは、社員の主体性は十分に発揮されません。行う人は自分で考え、行動する人でなければならないのです。

■どんなに考えても、戻る場所は経営理念しかなかった

チームの長が主体性をもって働いてほしいと言葉で伝えても、変わりません。何が足らないのか。田村氏は半年ほど、そのことに集中し、必死に考えました。行き着いた先は結局、経営理念でした。ここに戻るしかない。それが6カ月間の結論でした。何かの戦略で

も、方法でもなく、目的の確認でした。経営理念が形骸化していることに気づき、発信を始めます。例えば毎週月曜に経営理念「お客様本位・品質本位」に関する考え方、それに基づく行動についてメールを送ったといいます。それは副社長になっても続きました。

■主体的に働くためには方向づけが必要

「お客様本位」とは、顧客の立場に立って考えること。社員の現場回りが始まりました。理念を起点に、活動が方向づけられたのです。量販店などではなく料飲店の訪問に活動を集中させたのは、顧客の声が一番よく聞こえるところだからでした。

■さらに方向づけされ、主体性が増す

このような集中した活動を通して一つの重要な情報を得ます。「ビールは情報で飲まれている」。それが顧客にとっての価値だったのです。さらにチームに方向づけが加わりました。この価値を提供するための高知県独自の施策を社員自らが考え、実行に移していきました。本社の施策と相まって現場で成果が出始めたのです。チームの方向づけが具体的になればなるほど主体性は高まるものであることを教えてくれる事例です。

まとめ

美しい会社とは何か

この問いを念頭に、本書を始めました。あなたはどのような答えを得たでしょうか。私は、原理原則に従っている会社は美しいと感じます。いかがでしょうか。それぞれの物語の中核にある原理を復習してみましょう。

物語1：リーダーシップとは人ではなく、ミッションによって組織をリードすることである

物語2：ミッションをはじめとした複数のツールを用いて組織を方向づける

物語3：利益の最大化ではなく、ミッション実現のために「必要な利益」として方向づける（背景にある原理―利益は目的ではない。事業と組織存続の条件である）

物語4：卓越性(強み)と市場を特定し、そこに集中して事業を行う

物語5：事業は知識で専門化し、市場や製品で多角化する。もしくはその逆で、市場で専門化し、知識で多角化する。（背景にある原理――事業とは知識を顧客価値に転換するプロセスである）

物語6：事業は、常に顧客が求める価値から考える（背景にある原理――物語5と同じ）

物語7：モチベーションは自己決定と自己評価（有能感）によってもたらされる

物語8：イノベーションは強みを基盤として行う（背景にある原理――イノベーションも事業である＝事業の原理にしたがう）

物語9：組織を通して自分の強みを生かし、貢献することで自己実現を成し遂げる（背景にある原理――組織は人を成長させる道具である）

物語10：経営者やマネジャーに真摯さは欠かせない

物語11：組織の過去の活動から真の強みを見つけ、徹底的に磨き、活用する

物語12：コミュニケーションはどうやって伝えるかではなく、組織の目的など何を伝えるかが大切

物語13：優れた組織の文化はリーダーシップの源泉である

原理原則とは、それに従っているとうまくいくとは限らないが、それに反していると必ず失敗するという性質をもっています。ドラッカー教授のマネジメントは原理原則が多く含まれています。「原理と原則のマネジメント」と呼んでもよいでしょう。

例えば、単に最大の利益を得ようと組織を方向づければ、無理な売り上げ目標やノルマなどが横行し、法令順守以上に売り上げが重要だという間違ったメッセージが組織に伝わります。一つの原理原則の理解を欠いたために、組織が劣化する事例を何度も見てきました。

何か一つの方法でうまくいくほど、組織という道具は単純ではありません。要素と要素が相互に影響し合い、全体として良否が決まります。

ドラッカー教授はマネジメントとは体系であるといいます。マネジメントの体系は、事業のマネジメント、仕事のマネジメント、人のマネジメント、セルフマネジメントという四つの主な要素で成り立っています（詳しくは、姉妹巻である拙著『ドラッカーを読んだら会社が変わった！』をお読みください）。本書は、事業のマネジメントを中心に記述してきました。

事業のマネジメントの基礎に「事業はミッションを実現する手段である」という原理が

あります。組織と事業という要素の相互関係、さらに事業というコンセプトを形成する諸要素、すなわち事業の目的、定義、有効な事業であるための三つの要素などの関係性の中で事業という全体は形作られています。事業自体は、誰の目にも見えないものです。それゆえ何らかの工夫を重ねて可視化する技術が必要です。コンセプトや原理原則はそのための道具です。

さらに事業のマネジメントは、仕事のマネジメントに直結しています。両者は相互に密接に関係しています。事業を現場の仕事に落とし込む際に必要な仕事のマネジメントなしに、事業は成立することはありません。

そして現場で仕事を行うのが人間です。当たり前のことのように聞こえますが、仕事のマネジメントと人のマネジメントは原理が異なります。前者は客観的、理論的ですが、後者は主観的、情緒的です。

仕事のマネジメントが不全であれば、モチベーションやコミュニケーション能力、リーダーシップなどを向上させても組織はうまく動きません。仕事のマネジメントは人のマネジメントの基礎だからです。基礎なしに柱を立てようとしても徒労に終わります。

このようにマネジメントは、要素同士が相互関連して組織という道具を全体として機能させます。さらに組織は教育機関としての役割も担っています。そこで学ぶべき基礎的な能力が、成果を上げる能力と呼ばれるものです。組織という道具を使って社会の役に立ちつつ、自己実現を遂げるためです。それゆえ、成果を上げる能力を中核とするセルフマネジメントもまた、マネジメントの体系に含めておかなければなりません。

このようにマネジメントには、例えば優れた車が機能美にあふれ、美しいと感じるような論理的な側面があります。それは、再現性ある言葉として原理や原則として表現されます。

マネジメントとは、科学であると同時に人間学である。客観的な体系であるとともに、信条と経験の体系である。

（『マネジメント［上］』p38）

冒頭の上田先生の言葉の中に出てくる、ドラッカー教授がジャック・ウェルチにかけた言葉を思い出してください。

「あなたの会社のやっている仕事は、すべてワクワクドキドキするものばかりか？」

組織や事業をマネジメントすることは、すべて合理的な基準で推し量れるものではありません。そこには信条や経験が関係しているからです。

「ワクワクドキドキ」はまさにその具体的表現です。

組織に属する一人ひとりが原理原則という骨格に、それぞれの経験や信条を背景とした実践が肉づけされ、一つの小さな美しい物語が生まれるのです。

上田先生は、それを「叙事詩」と表現されました。そこには機能的な美とともに、人間が織りなす尊い失敗と成功の歴史が綴られています。それは実践の歴史です。

ドラッカー教授は「マネジメントとは実践である」といいます。そこに美しさの本当の源泉があるのではないでしょうか。

今年1月に尊い生涯を閉じられた上田先生の本書冒頭の言葉を再掲して本書を終えます。

あなたが「美しい」と感じない会社の話から、何が得られるでしょうか。逆に、どんなに小さな会社の物語でも、「美しい」と感じるなら大いに学べる。

上田惇生

あとがき

「ケースとは別の言い方をすれば、酵母だ」

上田先生は、生前このように述べていました。

「それ自体、生きた世界の凝縮であるとともに、望ましい明日の世界を培養するための胞子である。それを見ることで、その生物の持つ構造が分かる。うまくいくことの酵母をより多くの人に広めていくことだ。誰かができているということは、方法と作法さえ適切であるならば、自らの領域でもできることの例証でもある」

そしてドラッカー教授の原理原則を学び、実践することをドラッカー・プレミアム（DP）と呼び、これらを集めたDPケースブックを作ることの価値を明言されたのです。その目的は「望ましい明日の世界」を生み出すことです。2009年に発せられた上田先生の言葉の実践を筆者と編集協力者である清水は10年間続けてきました。

私たちの活動の原点は、ドラッカーの読書会（実戦するマネジメント読書会®）にあります。この読書会は、2003年2月に上田先生に札幌で講演をお願いしたことをきっかけとして始まりました。この読書会は現在、読書会ファシリテーターの協力を得て、25以上の都道府県で開催されています。原理原則を学び、実践するための読書会、つまりドラッカー・プレミアムの考え方が日本中に広がりつつあります。

読書会の活動開始後の２００５年にドラッカー学会が発足し、上田先生は初代代表理事に就任されました。冒頭の言葉は、学会誌『文明とマネジメント』の２００９年版に記された言葉です。「日々ささやかな領域で活動する方々」がドラッカーを学び、実践することの重要性を強調されました。

「ささやかさ」の重要性は、私たちが生前の上田先生から学んだ大切な教えです。組織の大小でもなく、地位や職位の上下でもなく、組織で働くすべての人が日々積み重ねるささやかな活動の貴さとその価値を教えてくれたのです。上田先生はＤＰケースブックを読めば、「想像を絶するほどのささやかな奇跡が日々進展しているのが分かるはずだ」といいます。本書は、その奇跡を伝える一冊となることを確信しています。

「その一つ一つが文明を確実に前に進めている」

組織に属するすべての人の日々のささやかな活動が文明を前進させると、上田先生は生前ことあるごとに伝えていました。そのためには、継続して学ぶことと実践が欠かせません。これからも「望ましい明日の世界」を生み出すために美しい会社のケースを一社でも多く記録し、よき酵母として多く方に広めていくことを誓って筆を置きたいと思います。

上田先生の生前のご厚情に感謝するとともに、哀悼の誠をささげます。

佐藤　等

佐藤 等 Hitoshi Sato

佐藤等公認会計士事務所所長・ドラッカー学会理事
1961年北海道函館市生まれ。84年小樽商科大学商学部卒業。90年公認会計士試験合格後に開業し、現在に至る。2002年小樽商科大学大学院商学研究科修士課程修了。03年から中小企業経営者などを集めたドラッカーの読書会を開始。17年間で800回以上、17都道府県24カ所で開催し、ファシリテーターを養成する。10年から『実践するドラッカー』シリーズ(ダイヤモンド社)を刊行し、自身の経営セミナーに活用している。
『実践するマネジメント読書会®』サイト
http://dokushokai.info/

清水 祥行 Yoshiyuki Shimizu

中小企業診断士・Dサポート株式会社代表取締役
1968年兵庫県西宮市生まれ。92年同志社大学工学部機械工学科卒業。証券会社勤務を経て、96年中小企業診断士登録。同年、佐藤等氏との出会いから同氏の事務所に勤務し、経営指導業務、社員研修業務に従事する。その後も、2002年の「ナレッジプラザ(中小企業経営幹部のための勉強会)」の創設、10年開始の『実践するドラッカー』講座の企画構成など、同氏とは現在も二人三脚で活動している。上記講座においては、質問ワークの講師を行うとともに、受講後の企業を訪問し、その実践事例の収集に努めている。
(『ドラッカーを読んだら会社が変わった!』編集協力)

ドラッカー教授
組織づくりの原理原則

2019年12月23日　第1版第1刷発行
2020年1月17日　第1版第2刷発行

著　者	佐藤 等
編集協力	清水 祥行
取材協力	尾越 まり恵
発行人	伊藤 暢人
発　行	日経BP
発　売	日経BPマーケティング 〒105-8308　東京都港区虎ノ門4-3-12
装丁・本文DTP	中川 英祐　中澤 愛子 (Tripleline)
印刷・製本	図書印刷株式会社

本書の無断複写・複製(コピー等)は、著作権法上の例外を除き、禁じられています。

購入者以外の第三者による電子データ化及び電子書籍化は、私的利用を含め一切認められておりません。

落丁本、乱丁本はお取り替えいたします。

本書籍に関するお問い合わせ、ご連絡は下記にて承ります。

https://nkbp.jp/booksQA

©Hitoshi Sato 2019, Printed in Japan　ISBN978-4-296-10493-2